BELLAGIO
Gerola Alta
Tagliata 2212
Premana
Margno
Varenna
Tremezzo 1694
Cadenàbbia
M. Calbiga
MENAGGIO
Lanzo
Campione
Bissone
Melide
Morcote
Rasura
M. Legnone 2609
BELLANO
Claino
Lago del Piano
Dèrvio
Lago di Como
Nobiallo
Piano
Porlezza
Morbegno
Còsio
Rógolo
Delebio
Rezzónico
2107
M. Bregagno
S. Bartolomeo
Dòrio
Abbazia di Piona
Musso
S. Nazzaro
Bogno
2967
M. Spluga
Dubino
S. Agata
Colico
Dongo
Garzeno
Passo S. Jorio
Camoghè 2228
Nuova Olònio
Domaso
Gravedona
Camignolo
Mezzovico
1962
Vercéia
Gera
Motta 1513
2316
Marmonta
Carena
Medeglia
Bironico
Isone
Rivera
Lago di Mezzola
1930
M. Berlinghera
M. Gruf
Monte Ceneri 554
2585
P. Anna Maria
L. di Barengo
2593
Sso della Paglia
2936
Cadenazzo
Giubiasco
Magadino
Vira
Somàggia
Samólaco
BELLINZONA
Monte Carasso
Ticino
Cugnasco
LOCARNO
P. de Cressim 2575
Arbedo
Gordola
Minusio
S. Cassiano
Gaggio 2267
Cma dell'Uomo 2390
Pzo Piodella 2397
L. di Cama
Roveredo
P. di Vogorno 2442
Castasegna
Soglio
Sass Castell 2516
Gnosca
L. di Vogorno
M. Cimetta
Gordona
Grono
Pzo di Molinera
Ponte B.
2632
Pzo Padion
Buseno
CHIAVENNA
2416
M. Mater
Norantola
P. di Rentan 2000
Pzo di Claro 2727
Claro
Pne di Piotta 2439
Vogorno
Mergoscia
Riviera
P. Stella 3163
P. di Stabbiuch 2177
P. Mottone 2692
Precastello 2359
P. Orgnana
S. Giácomo
Lostallo
Arvigo
Moleno
Val Mesolcina
Madrisertal
2633
Fil di Nomnome
Torrente Alto 2950
Cresciano
Lavertezzo
P. d'Alnasca 2301
P. Groppera 2948
L. di Truzzo
Bodio
Cma di Bri 2521
Corippo
Val Verzasca
Cimaganda
Cabbiolo
Lodrino
Motta
Cima de Pian Guarnei
3015
Fil di Dragiva 2787
Sta. Domenica
Cma di Gagnone 2518
Lago di Lei
Campodolcino
Gaigela 2805
Streghe 2912
Osogna
P. Ricusa 2279
Brione
Soazza
Ticino
Gerra
3209
P. Timun
Madésimo
2689
Pian Grande
Rossa
Iragna
Pianazzo
Mesocco
2742
Madone grosso
Frasco
P. Mezzo 2835
Pian S. Giacomo
2830
Pzo Rotondo
Valbella
Fil Rosso 3161
Cma di Biasagno 2417
BIASCA
Sonogno
Surettahorn 3027
P. Tambo 3279
Valle
Cma Bianca 2612
L. Barone
Montespluga
3152
Zapporthorn
Bodio
P. Campo Tencia 3072
San Bernardino
Malvaglia
Seehorn 2763
Splügenpass 2113
2065
Dandrio
Semione
Giornico
Rheinwaldhorn 3402
Güferhorn 3383
Grauhorn 3260
Gana Bianca 2842
Chironico
P. Forno 2907
Rheinwald
Brenno
Leventina
Splügen
Fanellahorn 3124
P. Cassimoi 3129
Acquarossa
Prugiasco
Lavorgo
Medels i. Rhw.
Hinterrhein
Castro
Torre
P. Molare 2585
Chiggiogna
Alperschellihorn
Guraletschhorn 2908
Faido
Sufers
Vizan 2471
P. Tomül 2946
Aquila
Dalpe
Prato
L. Tremorgio
Zervreilasee
Zervreila
Olivone
Sosto 2221
Rodi
Fiesso
Bruschghorn 3056
Lurengo
P. Aul 3121
P. Terri 3149
L. Luzzone
Campo Blenio
Scopi 3187
Thalkirch
Lukmanierpass 1916
P. Rondadura 3016
L. Ritom
Mathon
Piz Beverin 2998
Vals
P. Seranastga 2874
Pso. della Greina
P. Medel 3211
P. Valatscha 3109
3019
P. Blas
Vanescha
2861
Crap Grisch
3169
P. Vial
THUSIS
P. de Vrin 2564
P. Cavel 2946
P. Gannaretsch 3040
Tguma 2163
Safien Platz
St. Martin
Vrin
P. Maler 2790
Badus-Six Madun 2928
P. Fess 2880
P. Caschleglia 2936
Sogn Gions
Sarn
Surcasti
P. Nadels 2789
Acla
P. Pazzola 2581
Nalpssee
P. Muraun 2897
Lumbrein
P. Sezner 2310
P. Titschal 2551
Platta
Pazola Stock 2740
Curnerasee
La Garvera 2384
Curaglia
Tenna
Villa
P. Mundaun 2064
Tenigerbad
Tschamut
Oberalpsee
Acla
Selva
Oberalppass 2044
Riein
Obersaxen/Sursaissa
Sedrun
P. Nair 3059
P. Ault 3027
3096
P. Giuf
Surcuolm
St. Martin
Surrhein
Mustér
Segnes
DISENTIS
2957
Rienzenstock
ILANZ
Zignau
Chruzlipass
Vorderrhein
Trun
Truns
Rabius
P. Alpetta 2764
Oberalpstock 3328
Göschenen
Ruschein
Breil/Brigels
Cavistrau 3252
Düssi 3256
Bristenstock 3072
Laax
Falera
Waltensburg Vuorz
Bifertenstock 3421
3614 Tödi
Waldhaus
Wassen
Trin
FLIMS
Pigniu/Panix
Planurahütte
Kistenpass
Windgällen 3188
Gurtnellen
Vorab 3028
Muttenstock 3088
Schärhorn 3294
Piz Sardona 3053
Panixerpass
Hausstock 3157
3138
Gr. Ruchen
Bristen
Tschingelhörner
Muttensee
Clariden 3267
Intschi
Amsteg
Kärpf 2794
Silenen
Steinibach
Hoch Fulen 2506
Elm
Tierfehd
Klausenpass 1948
2764
Schächentaler Windgälle
Erstfeld
Foostock 2611
Urnerboden
Unterschächen
Karrenstock 2422
Linthal
2716
Ortstock
Glattensee

Paul Caminada

Der Glacier-Express

Zermatt–St. Moritz

Desertina Verlag, 7180 Disentis

Titelbild:

Die Furka-Oberalb-Bahn bei Muttbach, am westlichen Ausgang des Furka-Scheiteltunnels auf 2117 m Höhe gelegen.
Foto: Georges Lebet, Lausanne

Rückseite:

von oben nach unten:
- Zermatt und Gornergrat-Bahn mit der Felspyramide des Matterhorns im Hintergrund
- die Furka-Oberalp-Bahn in der Schöllenenschlucht
- die Rhätische Bahn bei der Bernina-Diavolezza-Station
- die Furka-Oberalp-Bahn oberhalb Tschamut

Fotos: Paul Caminada

Vorderer und hinterer Vorsatz:

Ausschnitt aus der Panoramakarte der Schweiz
Hallwag Bern und Stuttgart

Dieses Buch wurde am Jahreskongress der Arbeitsgemeinschaft für Werbung, Markt- und Meinungsforschung (AWMM) mit dem Buchpreis des Jahres 1984 ausgezeichnet.

Gesamtherstellung

Stampa Romontscha, Condrau SA
CH-7180 Disentis/Mustér

3. Auflage

ISBN 3-85637-058-7

Inhaltsverzeichnis

Vorwort

Mit der Eröffnung des Furka-Basistunnels im Jahre 1982 beginnt für den Glacier-Express eine neue Epoche. In diesem Jahr wird der Winterbetrieb zwischen Zermatt und St. Moritz aufgenommen. Die touristische Anziehungskraft der hochalpinen Bahnverbindung dürfte damit noch steigen. Im Gegensatz zu ausländischen traditionsreichen Expresszügen, die dem technischen Fortschritt zum Opfer fielen, bleibt der Glacier-Express eine attraktive Linie mit touristischer Zukunft. Der dafür bezahlte Preis liegt in der Aufhebung der Bergstrecke, die am Rhonegletscher vorbeiführte. Dem Bedauern über diese wirtschaftlich-betriebliche Notwendigkeit kann als Gewinn die Verbindung der Gebirgskantone Wallis, Uri und Graubünden mit einer ganzjährig offenen Bahnlinie gegenübergestellt werden. Sie wird der Bevölkerung dieser Kantone wirtschaftlich nützen, wenn möglichst viele Leser dieses interessanten Buches und andere Mitbürger noch vermehrt die Freude am beschaulichen Reisen im Zuge wiederentdecken. Die beteiligten Bahnunternehmen, die den Glacier-Express seit über 50 Jahren mit Erfolg betreiben, werden sich dafür einsetzen. Ich wünsche allen, die mit diesem Zug reisen werden, angenehme und erlebnisreiche Fahrt.

Leon Schlumpf

Bundesrat Dr. Leon Schlumpf
Vorsteher des
Eidg. Verkehrs- und
Energiewirtschaftsdepartementes

I. Der Glacier-Express verbindet die beiden berühmtesten Ferienorte der Alpen

1. Zermatt–St. Moritz, Matterhorn–Bernina

Alle diese Namen haben eine Beziehung zum Glacier-Express. St. Moritz und Zermatt – Ausgangs- und Zielpunkte des Zuges – sind weltbekannt, und nicht selten setzt man im Ausland den Begriff Schweiz geradezu mit diesen beiden Ferienorten gleich. Das Bergdorf Zermatt mit dem majestätischen Matterhorn im Hintergrund, dem Berg der Berge, ist das Wahrzeichen des Landes. Sogar Hans Conrad Escher von der Linth liess sich von dieser gewaltigen Felspyramide beeindrucken. Er schrieb im August 1806 in seinem Reiseheft: «Ehe man jenen, gebogenen u. wilden Theil des St. Niklaus-Thals verlässt, um in die Zermatter Ebene zu treten, erhält man auf einmahl hinter der linken Thalseite hervor den Anblick des Matterhorns, der über alle Beschreibung gross u. auffallend ist: Noch nie sah ich in der ganzen Alpenkette eine solche schroffe u. so hohe Felspyramide . . .»

In Zermatt, insbesondere vom Gornergrat und Klein Matterhorn aus, bietet sich eine grossartige Alpenrundsicht über gewaltige Gletscher und eine Vielzahl von Bergrücken zwischen 3000 und 4600 m Höhe.
St. Moritz mit dem reizvollen See, in der Nähe der Gipfel Palü, Bernina und der langen Zunge des Morteratschgletschers, liegt etwa 170 m höher als Zermatt. Diavolezza, Corviglia und wie sie alle heissen, waren einst nur den «Bergsteigern» vertraut, heute aber sind diese Namen das Ziel all jener, die den schneebedeckten Kämmen näherkommen wollen.
Zermatt und St. Moritz, von Gipfeln und riesigen Gletschern umgeben, sind Orte von grosser Schönheit. Aber nirgends sonst liegen sich Schönheit und Schrecken näher.
Am 14. Juli 1865 erfolgte die dramatische Erstbesteigung des Matterhorns durch die vier Engländer Edw. Whymper, Rev. Hudson, Hadow, Lord Douglas, die drei einheimischen Bergsteiger Michel Aug. Croz, Vater und Sohn Taugwalders. Auf dem ersehnten, 4478 m hohen Gipfel angelangt, bauten die sieben Erstbesteiger eine kleine Steinpyramide auf und liessen in einer Flasche ihre Namen zurück. Der Abstieg jedoch stand unter einem unglücklichen Stern. Durch Ausrutschen und einen Seilriss stürzten Hudson, Hadow, Douglas und Croz ab. Der junge Whymper und die beiden Taugwalders kamen allein nach Zermatt zurück. Die Nachricht dieser tragischen Erstbesteigung verbreitete sich über die ganze Welt. Die Serie tödlicher Unfälle im Matterhorngebiet reisst seither nicht mehr ab.
Schon 15 Jahre vorher, am 13. September 1850, war im Engadin die

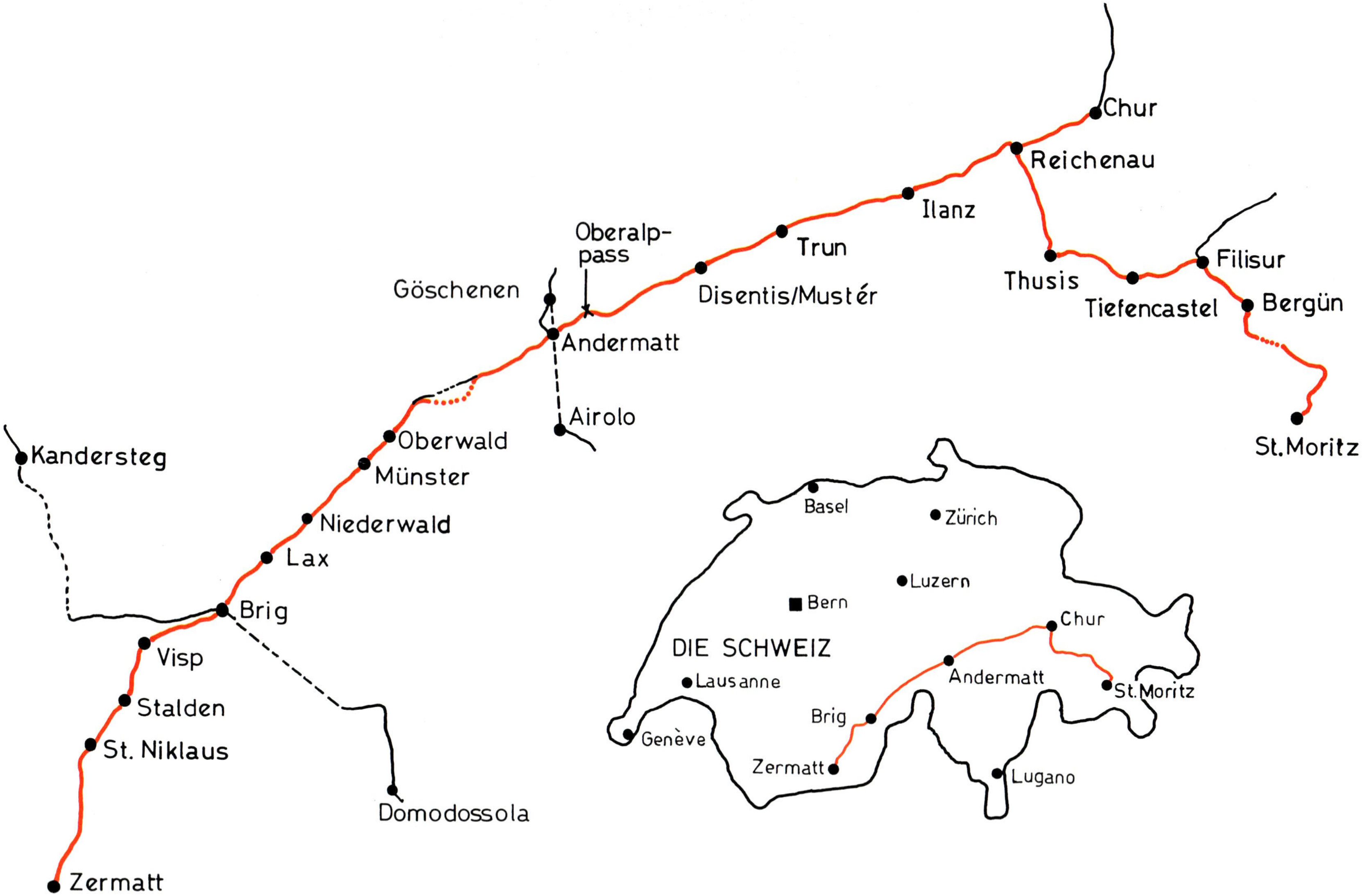
Chur
Reichenau
Ilanz
Trun
Disentis/Mustér
Oberalp-
pass
Göschenen
Andermatt
Airolo
Thusis
Tiefencastel
Filisur
Bergün
St.Moritz
Oberwald
Münster
Niederwald
Lax
Kandersteg
Brig
Visp
Stalden
St. Niklaus
Zermatt
Domodossola
Basel
Zürich
Luzern
Bern
DIE SCHWEIZ
Lausanne
Chur
Andermatt
St.Moritz
Brig
Genève
Zermatt
Lugano

Am 14. Juli 1865 erfolgte die dramatische Erstbesteigung des Matterhorns durch vier Engländer und drei einheimische Bergsteiger. Beim Abstieg stürzten vier Männer in den Tod.

allerdings glückliche Erstbesteigung des 4049 m hohen Piz Bernina durch Johann W.F. Coaz in Begleitung von J. und L.R. Tscharners erfolgt. Mit diesen Eroberungen war der Bann der Alpen gebrochen. Alpinismus und Hotellerie entwickelten sich in der Folge rasch. Seither haben Bahnen Täler und Berge den Touristen und Sportlern erschlossen.

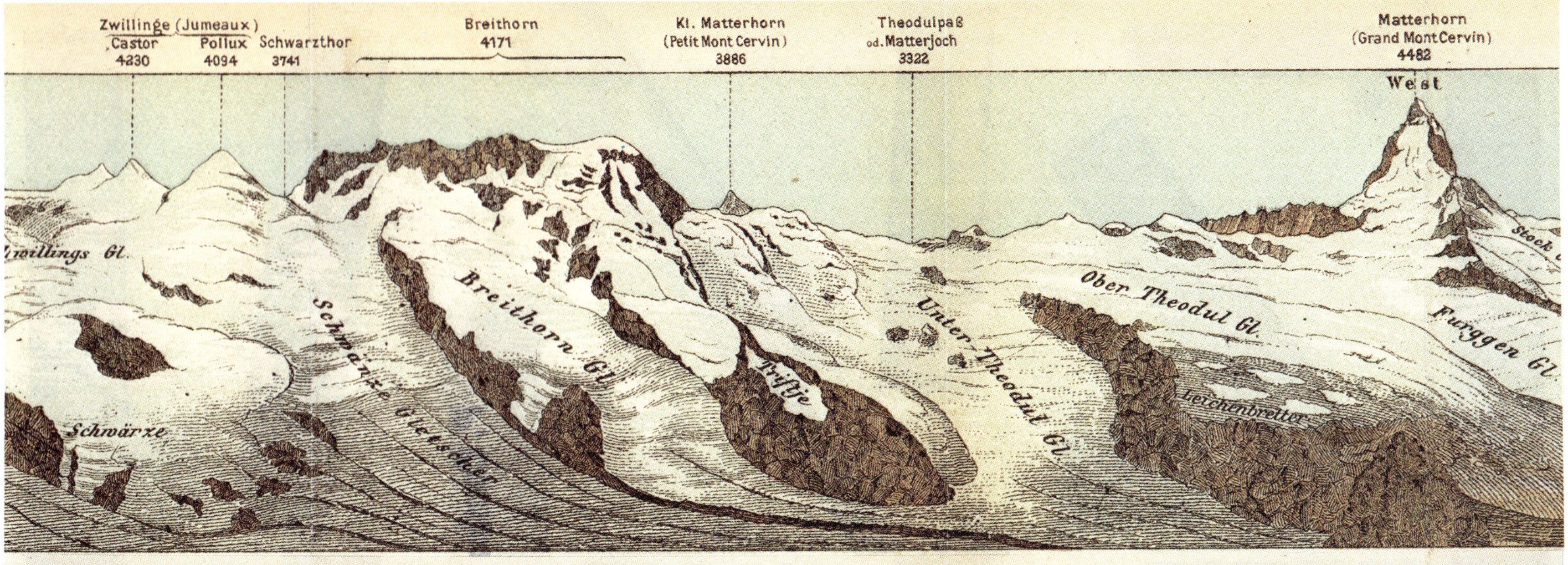

PANORAMA vom GORNERGRAT. (3136m.)

PANORAMA vom PIZ LANGUARD.

Seite 10:
Panoramen von Gornergrat und Piz Languard. Grandios ist der Rundblick am Ausgangs- und am Zielpunkt des Glacier-Expresses, im südlichen Wallis und im südlichen Graubünden. In Zermatt und in St. Moritz, in der Nähe der Gipfel von Monte Rosa, Lyskamm, Breithorn, Matterhorn, Dent Blanche einerseits und Palü, Zupo, Bernina, Roseg, Corvatsch und Tschierva andererseits, bietet sich dem Beschauer eine grossartige Alpenrundsicht über gewaltige Gletscher und Bergspitzen zwischen 3000 und 4600 m Höhe.

Der Glacier-Express verkehrt seit 1930 als hochalpine Eisenbahn, im wahrsten Sinne des Wortes von Gletscher zu Gletscher (Glacier = Gletscher). Er verbindet die zwei grossen Metropolen des schweizerischen Fremdenverkehrs. Drei Eisenbahngesellschaften sind an diesem berühmten Zug beteiligt, nämlich die Furka-Oberalp-Bahn, die Brig-Visp-Zermatt-Bahn und die Rhätische Bahn. Dieser traditionsreiche Zug hat inzwischen Weltberühmtheit erlangt, und eine Fahrt mit dem Glacier-Express gehört zum Reiseprogramm fast jedes Amerikaners und Japaners auf Europabesuch. Die kühne Eisenbahnstrecke wurde sogar vom japanischen Fernsehen gefilmt. Freundlich wie die Japaner sind, schenkten sie eine Kopie des Films, der im Reich der aufgehenden Sonne ausgestrahlt worden war, der Direktion der Furka-Oberalp-Bahn. Er zeigt auf eindrucksvolle Weise den damals jährlich im Frühling stattfindenden Aufbau der legendären Steffenbachbrücke. Ausländische Fernsehanstalten beweisen überhaupt grosses Interesse an dieser Eisenbahnlinie. Das Zweite Deutsche Fernsehen zum Beispiel programmierte 1975 eine Sendereihe mit dem Titel: «Berühmte Züge der Welt.» Eine dieser Sendungen berichtete ausführlich über den Glacier-Express, den «weltberühmten Zug».
Die 290 km lange Eisenbahnstrecke verläuft von der Rhone zum Rhein und zum Inn, vom Matterhorn zur Bernina-Gruppe und umgekehrt. Über 300 kühn angelegte, teils steinerne Bogenbrücken und durch etwa 90 Tunnels fährt die Schmalspurbahn von Zermatt (1606 m) nach Visp und Brig (671 m) hinunter. Hierauf geht es zur 2160 m hohen Furka hinauf und wieder ins Urserental nach Andermatt auf 1436 m. Über Oberalp (2033 m) gelangt sie ins Bündnerland, fährt talwärts nach Disentis/Mustér (1130 m), weiter nach Chur auf 585 m und erreicht schliesslich durch den Albulatunnel das 1774 m hoch gelegene St. Moritz. Seit 1982 muss die Furka nicht mehr bezwungen werden, da der Zug bereits auf der Höhe von Oberwald in den Furka-Basistunnel fährt und nach 15,4 km Fahrt die Urner Ortschaft Realp erreicht. Trotzdem ein Auf und Ab, vom Sprachgebiet der Walser über das des Sursilvan zu dem des Ladin. Im gleichen Abteil sitzend und abwechslungsweise auch im alten Mahagoni-Speisewagen speisend, dauert diese wunderschöne Reise etwas mehr als acht Stunden. Längs der zwei mächtigen Talkerben der Rhone und des Rheins durchfährt der Glacier-Express, zum Teil als Zahnradbahn, eines der grossräumigsten und eigenartigsten Alpengebiete Europas. Diese in Südwest-Nordost-Richtung verlaufenden Täler teilen die riesige Gebirgsmasse in eine nördliche und eine südliche Alpenkette. Im Kernpunkt des Gotthardgebiets berühren sich die beiden Längstäler. Hier

*Seite 13:
Der Glacier-Express fährt von Zermatt nach St. Moritz und umgekehrt, ein Auf und Ab, wie es das Längenprofil zeigt. Drei Eisenbahngesellschaften sind an diesem berühmten Zug beteiligt: die Brig-Visp-Zermatt-Bahn, die Furka-Oberalp-Bahn und die Rhätische Bahn.*

treffen die Gotthard-, Furka- und Oberalprouten zusammen. Auch die höchsten Gipfel und die grössten Gletscher befinden sich längs dieser Alpenkette, im südlichen Wallis und im südlichen Graubünden. Dieser ausgedehnte Alpenraum stellt das Wasserreservoir Europas dar. Aus ihm erhalten die Ströme ihr Wasser, das sie unaufhörlich nach Norden und nach Süden in die Meere tragen.

Schön ist der Blick zum Matterhorn. Bergauf beträgt die Fahrgeschwindigkeit 14 km pro Stunde. Dabei wird eine Höhendifferenz von 1484 m zwischen Zermatt und Gornergrat innerhalb von 45 Minuten überwunden.

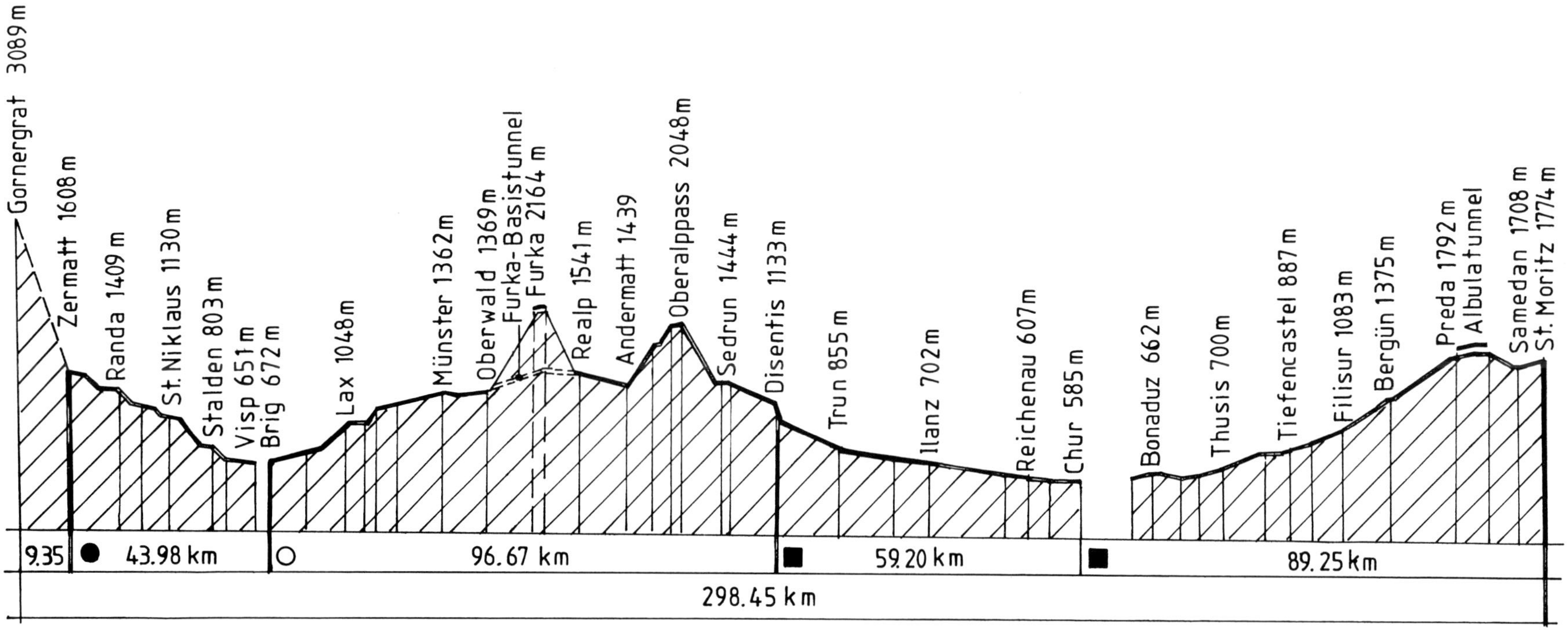

Längenprofil

Der Glacier-Express

● Brig-Visp-Zermatt Bahn
○ Furka-Oberalp Bahn
■ Rhätische Bahn

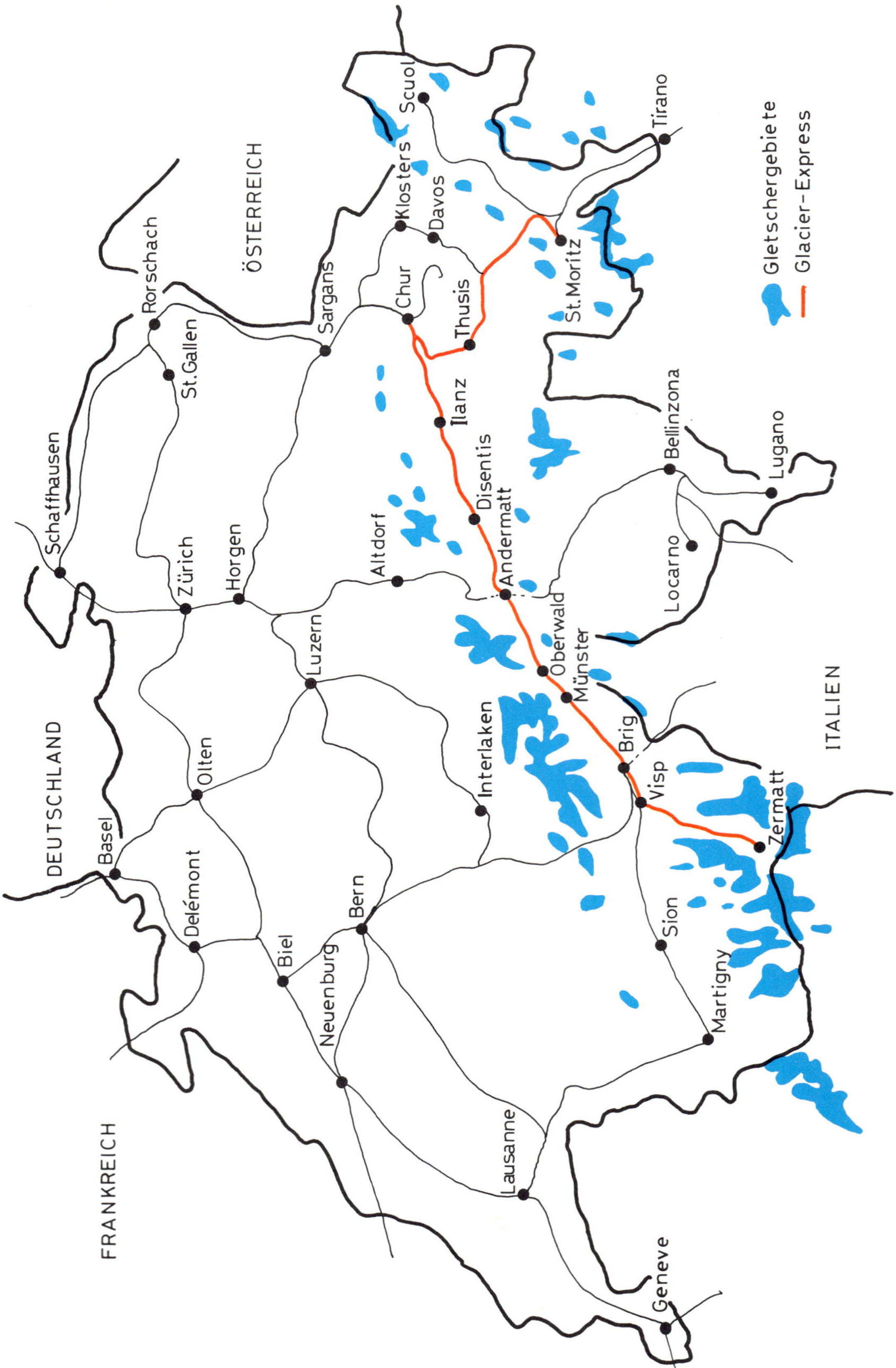
ÖSTERREICH
DEUTSCHLAND
FRANKREICH
ITALIEN
Gletschergebiete
Glacier-Express
Scuol
Klosters
Davos
Tirano
St. Moritz
Chur
Thusis
Sargans
Rorschach
St. Gallen
Schaffhausen
Ilanz
Disentis
Andermatt
Altdorf
Zürich
Horgen
Bellinzona
Lugano
Locarno
Oberwald
Münster
Luzern
Interlaken
Brig
Visp
Zermatt
Olten
Basel
Delémont
Bern
Biel
Neuenburg
Sion
Martigny
Lausanne
Geneve

2. Eine Fahrt mit dem Glacier-Express vom Matterhorn zum Bernina-Gletscher

Zermatt–Brig

Als im Jahre 1838 der Arzt Lauber die erste Herberge für 12 Gäste eröffnete, war Zermatt noch ein bescheidenes Bergdorf. Mitte 1854 zählte der damals noch unbekannte Ort 369 Einwohner. Bei der Volkszählung im Jahre 1900 waren es wenig mehr als das Doppelte, nämlich 741 Seelen. Heute hat Zermatt etwa 3000 Einwohner. Die touristische Entwicklung des Ortes ist eng mit dem Alpinismus und der Hoteliersfamilie Seiler verknüpft. Bis zum ersten Weltkrieg gab es in Zermatt an die 40 Hotels und Pensionen. Heute sind es etwa 80 Hotels und ein Dutzend Appartementhäuser.

Im «Alpinen Museum» zeugen zahlreiche Photographien, Zeitungsausschnitte und authentische Fundgegenstände (zerbrochene Pickel, Seilfetzen, einzelne Schuhe und andere, manchmal makabre Einzelstücke) von glücklichen und tragischen Ereignissen. In diesen Räumen hat der Besucher das Gefühl, als sei der Geist des jungen Engländers Edward Whymper immer noch gegenwärtig.

Im Jahre 1891 legte der Zug mit der Dampflokomotive erstmals diese Strecke zwischen Visp und Zermatt zurück. Sieben Jahre später, am 28. August 1898 fuhr die elektrische Zahnradbahn von Zermatt aus – mit einer Streckenlänge von 9,34 km und einer Maximalsteigung von 200 Promille – auf den Gornergrat. 1927/28 eröffnete Hermann Seiler die erste Wintersaison. Bereits ein Jahr später führten die Visp-Zermatt-Bahn und 1948 die Gornergratbahn den Ganzjahresbetrieb ein. Eine Fahrt mit der Gornergratbahn, der höchsten, im freien Gelände angelegten Bergbahn Europas, gehört zu den grossen Erlebnissen einer Schweizer Reise. Innerhalb von viermal zehn Minuten fährt die Zahnradbahn über Riffelalp, Riffelberg (2585 m) nach Gornergrat auf 3136 m. Diese Bahnfahrt gewährt einen überwältigenden Ausblick auf den 13 km langen, zungenartigen Gornergratgletscher. Ein grandioses Panorama bietet sich dem Beschauer: Monte Rosa mit der Dufourspitze (4638 m), Lyskamm (4478 m), Breithorn (4171 m), Matterhorn (4478 m), Weisshorn (4512 m) und wie sie alle heissen. Es ist ein Bild von unbeschreiblicher Eindrücklichkeit. Im Jahre 1956 wurde als Fortsetzung der Gornergratbahn die Seilbahn Gornergrat–Stockhorn errichtet. Auf der anderen Talseite führt eine Seilbahn zum Schwarzsee, in dessen klarem Wasser sich das Matterhorn spiegelt. Einen besonderen Höhepunkt stellt die

Seite 14:
Der Glacier-Express, auf deutsch «Gletscher»-Express, trägt seinen Namen zu Recht, denn diese hochalpine Eisenbahn fährt im wahrsten Sinne des Wortes von Gletscher zu Gletscher, durch eines der grossräumigsten Alpengebiete Europas.

Zermatt. Triebwagenzug der Gornergratbahn auf der Visperbrücke. Im Hintergrund der Berg der Berge, zeitlos in Gestalt und Geschichte.

«Eroberung» des Klein Matterhorns dar. Die erst kürzlich in Betrieb genommene Luftseilbahn schwebt über Schneefelder und Gletscherspalten hinauf zum Plateau Rosa, nur wenige Meter unterhalb des Klein-Matterhorn-Gipfels (3883 m). Wieder erblickt das Auge eine Vielzahl schneeweisser Spitzen und dunkle, im Schatten liegende Krater, und alles scheint zum Greifen nahe. Fahrten in solchen Höhen sind fast wie Ballonfahrten und unvergessliche Erlebnisse.

In Täsch, der Ortschaft vor Zermatt, ist Endpunkt für sämtliche Motorfahrzeuge. Durch die Brig-Visp-Zermatt-Bahn besteht jedoch regelmäs-

Die Inbetriebnahme der direkten Verbindung von Zermatt nach St. Moritz und umgekehrt erfolgte am 26. Juli 1930 mit der fröhlichen Fahrt des verheissungsvollen «Glacier-Express» mit Speisewagenbetrieb.

siger Pendelverkehr zwischen Zermatt und Täsch. Auf diese Weise ist Zermatt ein autofreier Kurort geblieben. Kleine, lautlose Elektromobile und zahlreiche, nostalgisch stimmende Pferdekutschen und -schlitten dienen als Fortbewegungsmittel.

In Zermatt beginnt die Brig-Visp-Zermatt-Bahn die erste Etappe unserer Reise. Zwischen Täsch und Zermatt besitzt die Eisenbahn das Verkehrsmonopol und sie konnte sich so zu einer der modernsten Schmalspurbahnen entwickeln. Die roten Reisezugwagen verkehren zwischen Zermatt und Brig über rund 43,4 km. Davon entfallen 7,6 km auf Zahnrad-

strecken. Die grösste Neigung beträgt 125 Promille. Nachdem man Zermatt verlassen hat, führt der Glacier-Express parallel zur Mattervispe durch Galerien hindurch in Richtung Täsch.
Täsch mit der weissen Kirche und den dunkelbraunen Holzhäusern liegt am Ausgang einer Schlucht. Die nach Süden gerichteten Hausfassaden mit den kleinen Fensterscheiben blicken auf die Talöffnung von Zermatt. In Bahnhofnähe befinden sich ausgedehnte Parkplätze, da der Autofahrer, um nach Zermatt zu gelangen, hier auf die Eisenbahn umsteigen muss.
Nach rund vier Kilometern wird der sogenannte «Weisshornkurort» Randa erreicht. Über den linksufrigen Felswänden ist der vom Bishorn und Weisshorn weit herunterreichende Bisgletscher zu sehen. Doktor Gsell-Fels schrieb im Jahre 1876 in seinem Buch «Die Schweiz» unter anderem: «Als im December 1819 der Weisshorngletscher von hoher Wand in's Nicolaital niederstürzte, vermochte der mächtige Luftdruck selbst noch das eine halbe Stunde entfernte Dorf Randa zu zerstören, die stärksten Baumstämme zu entwurzeln und Häuser bis auf den Grund hinweg zu reissen.»
Nach Randa überquert der Glacier-Express die Mattervispe und erreicht St. Niklaus, den Hauptort des Matter- oder Nikolaitals.
Auffallend ist der Kirchturm mit der zwiebelförmigen Kuppel. Im Jahre 1747 wurde die Kirche durch eine Lawine zerstört, als der Küster die Morgenglocke läutete. Der Turm blieb jedoch unversehrt. In der Folge wurde das Gotteshaus in schönem Barock wiederaufgebaut.

Über die Sellibrücke erfolgt die Einfahrt in die Schlucht der Kipfe. Bei der «Unneri Chipfe» fährt der Zug über die Vispe auf einer 1947 neu erbauten Stahlbrücke. Die ursprüngliche, eiserne Konstruktion wurde im Jahre 1945 durch eine Lawine zerstört. Zwischen Kalpetran und Stalden durchfährt der Zug an den linkerhand steilen Abhängen sechs Tunnels. Die Wildbäche gruben tiefe Runsen und Tobel in die Halden. Oberhalb Stalden überquert die Bahnlinie auf einer 67 m langen Eisenbetonbrücke den Mühlebach. Diese neuere Konstruktion erhebt sich 43 m über dem Bachbett und ersetzte im Jahre 1959 die alte eiserne Bogenbrücke. Stalden bildet die Grenze zwischen Weinbau- und Berggebiet. Das Dorf liegt auf einem Felssporn, am Zusammenfluss der beiden Vispen und an der Gabelung des Matter- und Saasertals.
Bei Neubrück im Vispertal fährt der Glacier-Express, von Vispe und Strasse eingeengt, unter zwei steinernen Bogenbrücken durch. Daneben befindet sich eine schöne Barockkapelle mit Glockentürmchen. Bahn

Seite 19 oben:
Zermatt. Berühmter autofreier Kurort und bekanntes Bergsteigerzentrum. Die Ziegenherde wie auch kleine, lautlose Elektromobile und zahlreiche, nostalgisch stimmende Pferdekutschen und -Schlitten benutzen täglich die Strassen Zermatts.

Seite 19 unten:
Von Zermatt aus fährt der Glacier-Express parallel zur Mattervispe in Richtung Täsch. Hier, beim kleinen Stadel, befindet sich der Zug der Brig-Visp-Zermatt-Bahn zwischen den beiden Galerien Schusslaui und Lugelwang.

836 — Zermatt und Matterhorn (4505 m) Strasse.

Chemin de fer Viège Zermatt près Stalden
3353 EDITION BURGY, LITH., SAINT-IMIER
Bahn Visp-Zermatt bei Stalden

Oberhalb Stalden, kurz nach «Üssers-Merje», fährt der Zug der Brig-Visp-Zermatt-Bahn an den linkerhand steilen Abhängen durch sechs Tunnels, über viele Wildbäche, Runsen und Töbel.

Seite 20:
Die Mühlebachbrücke. Oberhalb Stalden überquert die Bahnlinie auf einer 67 m langen Eisenbetonbrücke den Mühlebach. Diese Konstruktion erhebt sich 43 m über das Bachbett und ersetzte im Jahre 1959 die alte eiserne Bogenbrücke.

und Strasse verlaufen jetzt eben und geradeaus, der Vispe entlang, zum 4 km entfernten Visp.

Das Städtchen liegt an der Mündung der Vispe in die Rhone, keilförmig zwischen dem linken Rhoneufer und der Vispe eingeschlossen. Das alte Visp mit den romantischen, aus Stein gebauten Wohnhäusern und Türmen erinnert an Italien. Die alte Sust, dort wo damals die Transitwaren eingelagert wurden, weist auf alte Handelsbeziehungen hin. Am linken Rhoneufer liegt das neue Visp mit den grossen Fabrikhallen und Hochkaminen. Hier ist die chemische Industrie zuhause.

Von Visp bis Brig sind es nur neun Kilometer. Die Brig-Visp-Zermatt-Bahn fährt parallel zur Strecke der Schweizerischen Bundesbahn, das linke Rhoneufer entlang. Kurz vor Brig durchfährt der Glacier-Express Glis. Die grosse Pfarrkiche dieses Ortes vereinigt in sich mehrere Stilepochen und ist ein bedeutendes Kunstwerk des Mittelalters.

Knapp 1½ Stunden dauert die Bahnreise durch die wildromantischen Bergtäler der Vispe von Zermatt nach Brig, wobei etwa 1000 m Höhenunterschied überwunden werden.

Die Stadt Brig am Simplonpass ist der Sitz der beiden Bahngesellschaften «Furka-Oberalp-Bahn» und «Brig-Visp-Zermatt-Bahn». Brig ist ein bedeutender Eisenbahnknotenpunkt. Hier treffen sich die Simplon- und

die Lötschberglinie sowie die Züge nach Lausanne und die beiden Schmalspurbahnen, die über Furka–Oberalp nach Visp und Zermatt führen. In einer Informationsschrift über Brig ist zu lesen, der berühmteste und traditionsreichste Zug, der in Brig haltmache, sei jedoch der Glacier-Express.

Die Simplonstrasse wurde im Jahre 1805 auf Befehl Napoleons gebaut. Schon vor Eröffnung des Simplon-Eisenbahntunnels im Jahre 1922 bestand lebhafter Passverkehr mit Italien. Mit einer Länge von 19,8 km ist dieser Eisenbahntunnel der längste Europas. In Brig ist der von Kaspar Jodok Stockalper von Thurm hinterlassene Palast sehenswert. Er wurde von 1658 bis 1678 erbaut und ist mit drei zwiebelförmigen Kuppeltürmen ausgestattet. Die damals mächtige Handelsfamilie der Stockalper beherrschte im 17. und 18. Jahrhundert den umfangreichen Warenverkehr über den Simplonpass und ins Rhonetal. Im Jahre 1948 erwarb die Gemeinde Brig das Schloss von der Familie Stockalper. Das Bauwerk wurde in der Folge mit Hilfe der Nationalspende renoviert. Weitere interessante Baudenkmäler sind das nahe Kollegium mit der berühmten Barockkirche, der schöne Platz vor der St.-Sebastians-Kapelle, das Kloster St. Ursula und die spätgotische Antoniuskapelle aus dem 12. Jahrhundert. Das Städtchen Brig bietet seinen Gästen über 900 Betten in Hotels und Ferienwohnungen.

Die Reisenden im Glacier-Express steigen in Brig nicht um. Es wird nur die Lokomotive ausgetauscht. Die Weiterfahrt in Richtung Goms übernimmt die Furka-Oberalp-Bahn.

Seite 22/23:
Die einstige Dampf- und die heutige Elektrolokomotive an gleicher Stelle, auf der Zahnstangenstrecke in der Kipfenschlucht. Im Hintergrund erhebt sich das Bruneggghorn. Von 1891 bis 1929 verkehrte die Dampfmaschine auf der Strecke Visp-Zermatt. Die durchgehende Elektrifizierung war am 1. Oktober 1929 abgeschlossen.

Von Brig nach Oberwald und Realp

Seite 24:
Bei Neubrück im Vispertal, 4 km von Visp entfernt, fährt der Glacier-Express, von Vispa und Strasse eingeengt, unter der steinernen Bogenbrücke durch. Eine malerische Barock-Kapelle mit zierlichem Glockentürmchen säumt den Weg der Bahn.

In Brig fährt der Glacier-Express, nun von der Furka-Oberalp-Bahn geführt, unter der Bahnlinie der Lötschbergbahn und der Schweizerischen Bundesbahnen hindurch. Er überquert auf einer Eisenbrücke, parallel zur gleicherweise eisernen Strassenbrücke, die Rhone und gelangt nach Naters. Es ist interessant zu wissen, dass die Rhone, der Fluss des Wallis, auf deutsch der «Rotten» heisst. Wir wollen ihn jedoch weiterhin Rhone nennen, da sein Ursprung im gleichnamigen Gletscher, im Rhonegletscher, liegt.

Bahn Visp-Zermatt bei Visp
Chemin de fer Viège-Zermatt près Viège
3351 EDITION BURGY, LITH., SAINT-IMIER

VISP-ZERMATT
13

BUFFET de la GARE
VIÈGE
tenu par
B. Viotti
VISP
VIÈGE-ZERMATT
BUVETTE

Naters besitzt eine schöne Kirche mit romanischem Turm, und ganz in der Nähe steht das eindrucksvolle Beinhaus aus dem 16. Jahrhundert. Naters war einst Zendenhauptort (der Ort für die Abgabe von Erträgen aus Grundbesitz, ursprünglich der 10. Teil) und, an der Brücke über die Rhone gelegen, von grosser Bedeutung. Auf dieser Brücke wurde Kardinal Matthäus Schiner 1510 von Parteigängern des Georg Supersaxo überfallen.

Die Bahnlinie drängt sich näher an die Rhone heran, fährt unter der Kantonsstrasse hindurch und überquert auf einer 95 m langen Brücke die Massa, einen wilden Abfluss des Aletschgletschers. Von nun an fährt der Glacier-Express das rechte Rhoneufer entlang, zwischen Rhone, Strasse und steilen Felswänden an der Kapelle Hohenflüh vorbei, nach Mörel.

In Mörel steigt man zur Riederalp um. In Riederalp eröffnete 1854 die Familie de Sepibus das erste Hotel. Pferde, Maultiere und Sesselträger brachten damals die Gäste auf die Alp. Heute sind es Seilbahnen, die mühelos und schnell in die Höhe schweben. Von Riederalp aus führt ein Höhenweg zur Bettmeralp. Diese ist von Betten, einer Station der Furka-Oberalp-Bahn, durch eine Schwebebahn erreichbar.

Das Gebiet zwischen Mörel und Grengiols ist besonders interessant. Bis Betten verläuft die Bahnlinie zuerst parallel zur Strasse, führt dann über die von vielen Pfeilern getragenen, aus Stein gebauten Filet-Lehnenviadukte und überquert bei Betten die Rhone. Die Nussbaumerbrücke, ein schönes Bauwerk aus Quaderstein, überspannt in schlankem Bogen Rhone und Kantonsstrasse. Unterhalb Grengiols beginnt die Fahrt durch Zahnradantrieb. Hier haben die Ingenieure einen kühnen Brückenbogen über die Rhone zum Deischberg geschlagen. Über den 48 m hohen und 168 m langen Grengiols-Viadukt geht die Fahrt, bevor der Glacier-Express im 592 m langen Schraubtunnel verschwindet. In einer weiten Schleife bezwingt der Zug dank des Zahnradantriebs die grosse Steigung und überquert schliesslich am steilen «Unterdeischer Hang» den tiefer liegenden, ebenen Streckenteil. Unten im Tal fliesst die Binna in die Rhone. Hier beginnt das Goms, das obere Rhonetal. Grengiols liegt in einer Mulde, auf der höher gelegenen, südlichen Seite der Rhone. Weiterhin durch Zahnrad angetrieben, fährt die Bahn die Halde von Martisberg entlang, traversiert den Laxergraben-Viadukt und gelangt nach Lax, das zuunterst gelegene Gomser Dorf.

Wie die meisten Dörfer des Goms, mit ihren prächtigen Kirchen und den sonnengeschwärzten Holzbauten, liegt auch Lax am Sonnenhang und im Schutze von Bannwäldern. Dem unerschütterlichen Glauben der

Seite 25 oben:
Der Glacier-Express mit der elektrischen Lokomotive HG 4/4. Die Maschine besitzt Adhäsions- und Zahnradantrieb. Die vier Motoren leisten 680 kW. Die erste Lokomotive wurde 1929 gebaut.

Seite 25 unten:
Visp heisst auf französisch Viège. In der linken Bildhälfte erkennt man die Burgerkirche, das heisst, die Kirche der Bürger, ein Barockbau aus dem Jahre 1761. Den Spitzhelm erhielt der Turm viel später. Rechts im Bild die Martinskirche.

Die Martinskirche mit der Arkadenhalle aus der Mitte des 17. Jahrhunderts. Die drei Bogen öffnen sich gegen die Vispa, die Strasse und das Trassee der Brig-Visp-Zermatt-Bahn hin. Die Kirche ist mit Farbfenstern von Paul Monnier ausgeschmückt.

Bergbauern ist es zu verdanken, dass das Gomsertal so grosse und schöne Kirchen besitzt, die mit erstaunlichen Kunstschätzen ausgestattet sind.

Weiter geht die Fahrt über den Altbachviadukt und den Wirbelviadukt, und man gelangt nach Fiesch, an der Mündung des Fieschertales. In diesem Ort fallen die neugotische Kirche und die in jüngerer Zeit entstandenen Terrassensiedlungen auf. Fiesch ist der Ausgangspunkt zum Binntal und zum Eggishorn.

Das benachbarte Ernen gilt als vornehmes und stilreines altes Walliser-

dorf. Die Architektur des Dorfes wird der Grosszügigkeit Kardinal Matthäus Schiners (1465–1522) nachgesagt. Die Kirche von Ernen ist eine Sehenswürdigkeit, sie enthält kostbare Altäre und wertvolle Skulpturen.
Der Glacier-Express verlässt per Zahnrad Fiesch und fährt bis Fürgangen. Er macht eine grosse Schleife ins Fieschertal, überquert das «Wyssrwasser» und erreicht auf einer U-förmigen Streckenführung um die «Cheera» (Kehre, Biegung) die zweite Gomser Talstufe. Es folgen die Orte Niederwald, Blitzingen, Biel, Gluringen und Reckingen.
Niederwald ist die Heimat des Hotelkönigs Cäsar Ritz (1850–1918), Gründer der weltbekannten Luxushotellerie gleichen Namens. Von ihm hat ein englischer Kronprinz gesagt, «er sei der Hotelier der Könige und der König der Hoteliers». Als es um die Auswahl des Essens ging, meinte der Adelige: «Bereiten Sie etwas zu nach meinem Geschmack, Sie wissen besser als ich, was ich gerne habe.»
Blitzingen verdient ebenso Beachtung. Es ist die Geburtsstätte Alexander Seilers, des Gründers der Hoteldynastie Seiler mit Hotels in Zermatt, Münster, Ulrichen, Gletsch und auf dem Furkapass.
In Selkingen waren die bekannten Bildhauer Vater und Sohn Johann und Jodok Ritz zu Hause. Auch Peter Lagger, Bildhauer aus Reckingen, ist zu erwähnen. Sowohl im Oberwallis als auch bei den Walsern in Graubünden, im Lugnez und im bündnerischen Oberland feierte die sakrale Barockkunst unter dem Einfluss dieser Künstler zwischen etwa 1700 und 1770 wahre Triumphe.
Es folgt Münster, Hauptort des Oberwallis, in besonders geschützter Lage an der Mündung des Münstertals gelegen. Der Ort breitet sich an beiden Seiten des wilden Minstigerbaches aus, und er bietet viele Möglichkeiten für Ausflüge. Hervorzuheben sind einige sehenswerte Bauwerke, so die Kirche mit dem berühmten Gemälde des Luzerner Malers Jörg Keller und dem reichgeschmückten spätgotischen Hochaltar; dann aber auch die St. Antonius-Kapelle mit Deckenbemalung und die St.-Peters-Kirche, ebenfalls mit berühmten Malereien.
Das Obergoms ist im Winter ein Paradies für Skilangläufer. Hier befinden sich Loipen bis 50 km Länge, darunter auch die Nachtloipe zwischen Ulrichen und Obergesteln.
Die letzten Kilometer unserer Reise, bevor der Zug ins Innere des grossen Furka-Basistunnels einfährt, führen an Geschinen, Ulrichen, Obergesteln und Oberwald vorbei. Hier endet jener Teil des Goms, der das ganze Jahr über bewohnt ist.
In Oberwald verdient die mit Schnitzereien aus der Ritzschule reich ausgestattete Kirche Beachtung. Die Kirche liegt unmittelbar an der

Seite 28 oben:
Der Stockalperpalast in Brig. Er wurde von 1658 bis 1678 erbaut und ist mit drei zwiebelförmigen Kuppeltürmen ausgestattet. Die Handelsfamilie der Stockalper beherrschte zu jener Zeit den Warenverkehr über den Simplonpass und ins Rhonetal.

Seite 28 unten:
Der Glacier-Express fährt das rechte Rhoneufer entlang, zwischen Rhone, Strasse und steilen Felsen an der Kapelle Hohenflüh vorbei, nach Mörel. Der Altar dieser seit 1726 bestehenden Kapelle ist ein Schnitzwerk des berühmten Holzbildhauers Anton Sigristen.

Seite 31 oben:
Kurz vor Betten führt die Bahnlinie neben Strasse und Rhone über den von vielen Pfeilern getragenen, aus Stein gebauten Filet-Lehnenviadukt.

Seite 31 unten:
Der Glacier-Express fährt oberhalb Fiesch eine grosse Schleife im Fieschertal und überquert auf einem gemauerten Viadukt das wildbrausende «Wyssrwasser».

Brig und Visp im Rhonetal, mit den beiden Vispertälern Saastal und Nikolaital. Die Panoramakarte zeigt die Bahnlinie von Visp nach Zermatt. Am 5. Juli 1930 wurde der Streckenabschnitt zwischen Visp und dem Bahnhof Brig eröffnet. Dadurch konnte der Glacier-Express bereits am 26. Juli den Betrieb aufnehmen.

Passstrasse und ist durch einen keilförmigen Lawinenbrecher geschützt. Vor etwa 200 Jahren, im Winter 1779, traf Goethe hier ein, um mit seinen Begleitern über die Furka zu gehen. «Nach neune trafen wir in Oberwald an und sprachen in einem Wirtshaus ein, wo sich die Leute nicht wenig wunderten, solche Gestalten in dieser Jahreszeit erscheinen zu sehen. Wir fragten, ob der Weg über die Furka zu dieser Jahreszeit noch gangbar wäre? . . .»
Vor der Eröffnung des Furka-Basistunnels musste die Strecke von Oberwald über Gletsch nach Realp durch Zahnradantrieb bewältigt werden.

3. — Vallée de Conches (Valais). — Viaduc de Nüssbaum.

Furka Grimsel
Nufenen
Betten
Bettmeralp

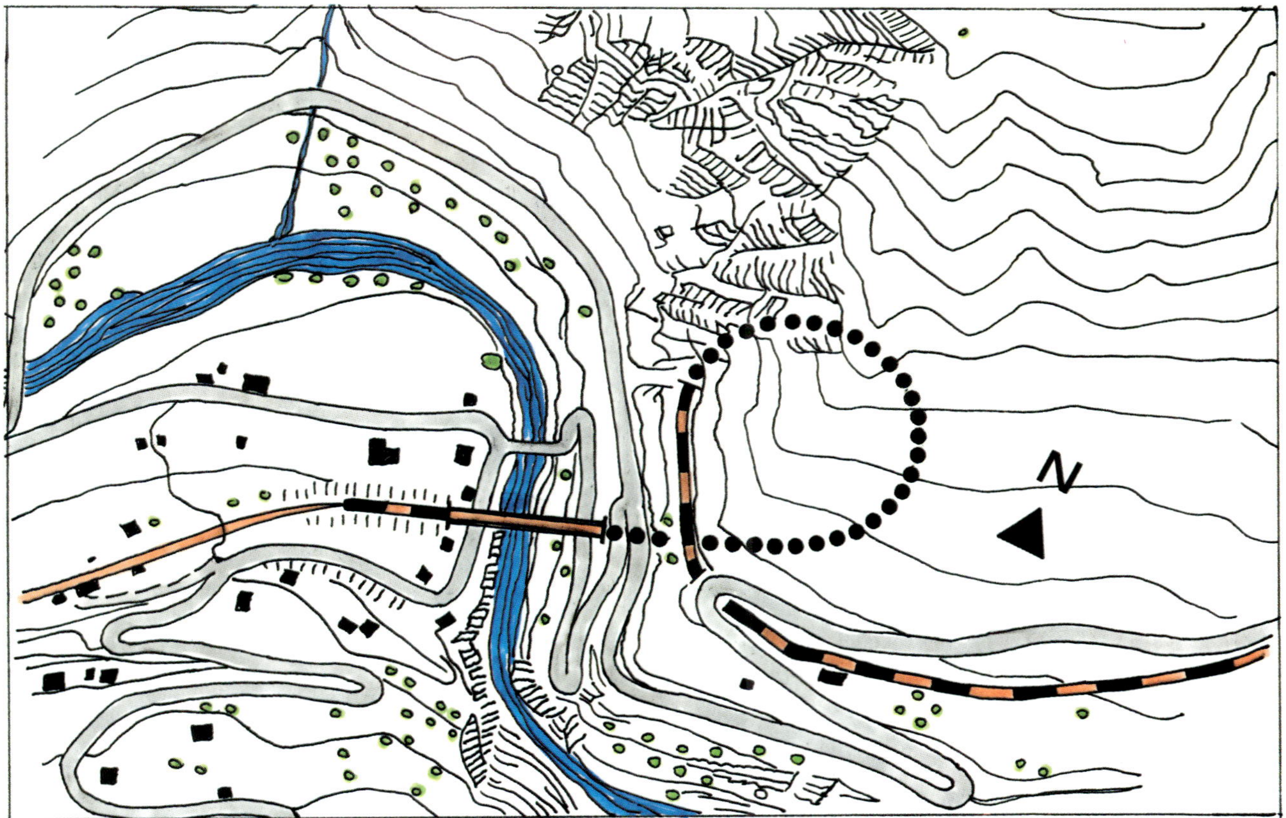

Rhoneviadukt und Schraubtunnel bei Grengiols (Unterdeisch)

Die Ingenieure aus Frankreich haben an dieser Stelle einen kühnen Brückenbogen über die Rhone zum Deischberg geschlagen.

Die romantische Fahrt ging bei gleichmässiger Steigung durch den Bärenfallwald und führte, oberhalb der St.-Niklaus-Kapelle vorbei, in Richtung Gletsch. Von Oberwald bis Gletsch wurde eine Höhendifferenz von 490 m überwunden. Trotz Zahnrad wurde dazu unterhalb Gletsch ein 548 m langer Schraubtunnel notwendig. Nach Überwindung dieser letzten Talstufe öffnet sich dem Auge das Bild des Rhonegletschers, leuchtend, in gleissendem Blau, von Galenstock, Furkahorn und Gerstenhorn umgeben. Der Anblick ist überwältigend.
Der Rhonegletscher geht seit Jahrhunderten konstant zurück. Unter seinen gewaltigen Eismassen quellen unentwegt Tausende von Rinnsalen Wasser hervor. Hier entspringt die Rhone oder, auf deutsch, der Rottenfluss. Die Eiszunge des Gletschers reichte einst bis gegen Solothurn im Mittelland und, in westlicher Richtung, fast bis nach Lyon. Die Anziehungskraft des Gletschers auf Fremde ist gross, und Gletsch war schon zur Postkutschenzeit Reiseziel vieler Touristen. Im Tal eingeengt liegt der Ort auf 1762 m Höhe. Von hier aus führt die Grimselstrasse ins Haslital. Der Furkapass überwindet die Wasserscheide zwischen Rhone und Reuss.
Die Eisenbahnfahrt geht auf der Talsohle weiter, entlang des Längisgrates, während sich die Furkapassstrasse zu den Hotels Belvédère und Furka hinaufwindet. Auf der Fahrt zwischen Gletsch und der Haltestelle

Seite 32:
Die Nussbaumerbrücke bei Betten, kurz nach der Bauvollendung und heute. Das schöne Bauwerk aus Quaderstein überspannt in schlankem Bogen Rhone und Kantonsstrasse.

Seite 33:
Rhoneviadukt und Schraubtunnel bei Grengiols. Hier befindet sich die felsige Schwelle zum Goms.

Der 48 m hohe und 168 m lange Grengiols-Viadukt führt den Glacier-Express in den 592 m langen Schraubtunnel.

Muttbach ist der hell leuchtende Rhonegletscher fortwährend sichtbar. Dunkelheit überfällt den Beschauer, wenn der Zug in den 1850 m langen Furka-Scheiteltunnel einfährt. Der höchste Punkt im Tunnel ist bei 2163 m. Hier liegt die Wasserscheide zwischen Mittelmeer und Nordsee. Am östlichen Ausgang des Tunnels, im Garschental, erreicht der Zug die Haltestelle Furka. Von hier aus führt eine kleine Strasse hinauf zur Passhöhe. Das Geleise verlief die Furkareuss entlang abwärts, überquerte auf einem Viadukt den Fluss und liess Tiefenbach hinter sich liegen. Weiter ging es über die berühmte Steffentalbrücke, hierauf durch drei

Von Oberwald bis Gletsch wurde eine Höhendifferenz von 490 m überwunden. Nach dem Überqueren der Rhone fuhr der Zug in den 548 m langen Schraubtunnel ein. Erst unterhalb Gletsch kam er wieder ans Tageslicht.

kleine Tunnels beim Alt Senntumstafel, um über die Reuss, auf 1540 m, Realp zu erreichen.
Realp ist die erste Station auf Urner Boden und zugleich höchstgelegenes Dorf des Kantons Uri. Die ursprüngliche Bevölkerung war romanisch. In diesem Gebiet gab es viele Bären, darum nannte man das Tal «Urseren» (Ursus, der Bär). Goethe, der das Tal mehrmals besuchte, soll gesagt haben: «Mir ist's unter allen Gegenden, die ich kenne, die liebste und interessanteste.»
Heutzutage fährt der Glacier-Express nicht mehr die beschwerlichen

Der Glacier-Express, mit einer Lokomotive HGe 4/4 an der Spitze, fuhr im Sommer 1981 letztmals unterhalb Gletsch mit Zahnradantrieb hinunter zur ersten Talstufe des Obergoms. Hier öffnete sich dem Auge das überwältigende Bild des Rhonegletschers, leuchtend, in gleissendem Blau, von Galenstock, Furka- und Gerstenhorn umgeben.

Seite 38 oben: Der Glacier-Express fuhr im Sommer 1981 letztmals entlang des Längisgrates in Richtung Furka-Scheiteltunnel.

Seite 38 unten: Ein Zug der ursprünglichen «Furkabahn» war im Sommer 1915 bis oberhalb Gletsch gefahren, damit Fotos gemacht werden konnten.

18 km, mit Steigungen und Neigungen, von Oberwald über Gletsch nach Realp. Ohne Zahnrad, sanft und schnell, gleitet der Zug durch den 15,4 km langen Furka-Basistunnel. Zermatt und St. Moritz, Chur und Brig sind sich somit eine halbe Stunde näher gekommen. Früher war diese Furka-Bergfahrt nur während der Sommermonate möglich, da die Strekke Realp–Oberwald für sieben Monate im Jahr stillgelegt werden musste. Die Natur liess sich auch mit modernen technischen Mitteln nicht bändigen. Was in den Sturzbahnen der Lawinen lag, musste auf einer Strecke von etwa 11 km Länge demontiert und zu sicheren Unterständen ge-

268 Chemin de Fer de la Furka et Glacier du Rhône
Furkabahn und Rhonegletscher
FURKABAHN

Rhonegletscher

Leistungsfähige Schneeschleudermaschinen müssen eingesetzt werden, um das Bahntrassee zu befreien.

bracht werden. Die sogenannte Steffenbachbrücke, zwischen Realp und Tiefenbach gelegen, wurde aus diesem Grund jeweils im Herbst ab- und im Frühjahr wieder aufgebaut. Die Konstruktion, eine Stahlbalkenbrükke, konnte mittels einer Seilwinde und menschlicher Muskelkraft zerlegt werden. Die Brückenteile wurden alsdann auf die beiden Widerlager zurückgeschoben, so dass die Lawinen freien Durchlass hatten. Nicht weniger als 290 Masten mit den dazugehörigen Haltevorrichtungen für den elektrischen Fahrdraht mussten abgebaut und wiederaufgestellt werden. Für diese Arbeiten waren jeweils 50 bis 60 Mann während drei Wochen beschäftigt. Zusätzlich waren jedes Frühjahr zwischen 80 000 und 140 000 Kubikmeter Schnee wegzuräumen, da das Geleise an manchen Stellen bis zu 10 m unter Schnee lag. Der Ausfall der Betriebseinnahmen, die alljährlich erneute Inbetriebstellung und der häufige Unterbruch dieser Strecke kosteten viel Geld. Durch die Eröffnung des Furka-Basistunnels im Sommer 1982 wurde eine direkte Verbindung Realp–Oberwald geschaffen. Dadurch entfallen die erwähnten Anstrengungen, und der Glacier-Express kann zwischen St. Moritz und Zermatt ganzjährig verkehren.
Die Skiferien in Zermatt und St. Moritz können nun in einem einzigen Pauschalangebot kombiniert werden, und damit die einmalige Gebirgs- und Gletscherlandschaft auch künftighin den Zugreisenden zugänglich

Seite 39 oben:
Der Rhonegletscher mit Gletsch um 1903. Rechts die Furkastrasse und links die Kehren der Grimselstrasse. Die Gletscherzunge reichte noch bis ins Tal.

Seite 39 unten:
Der Rhonegletscher. Unter seinen gewaltigen Eismassen mit der Fläche von 20 Quadratkilometern quellen unentwegt Tausende von Rinnsalen Wasser hervor.

Wenn es in den Alpen schneit, muss jede Schneeschleuder und jeder verfügbare Spurpflug eingesetzt werden, damit die Furka-Oberalp-Bahn auch im Winter ihren Betrieb aufrechterhalten kann.

bleibt, besteht im Sommer ein Carbetrieb der Furka-Oberalp-Bahn (FO-Tours).

Realp–Andermatt

Urseren liegt als grosser Taltrog in der Querfalte der Zentralalpen und beherbergt die Dörfer Realp, Hospental und Andermatt.
Von Realp aus verlaufen Bahnlinie und Kantonsstrasse während etwa

2 km nebeinander her, bevor sie sich kreuzen. Dann überquert der Glacier-Express die Furkareuss und erreicht Berghängen, Matten und Geröllhalden entlang Hospental.
Dieses Passdorf liegt an der Vereinigung von Furkareuss und Gotthardreuss. Hier zweigt nach Süden die berühmte Gotthardstrasse ab. Die mit reicher Stukkatur ausgestattete Pfarrkirche steht auf einer Anhöhe, in deren Hintergrund, auf einem Felssporn, das Wahrzeichen Hospentals, die Turmruine der Edlen von Ospental, thront.
Unser Zug fährt weiter, teils links, teils rechts der Strasse, durchfährt die grünen Matten «March», «Tristelböden» und «Im Boden» und erreicht nach 2,5 km Andermatt.
Der Ort ist an drei Seiten von Granitbergen gesäumt. Er liegt in einem Talkessel, aus dem die Reuss durch die Schöllenenschlucht ihren Abfluss findet. Andermatt ist der Hauptort des Urserentales und hat sich zu einem bedeutenden Kur- und Wintersportplatz entwickelt. Eine Seilbahn führt zum Gemsstock. Moderne Hotels, Gasthäuser, Wohnsiedlungen und nicht zuletzt die vielen militärischen Bauten prägen das Bild von Andermatt. Der Ort ist Schnittpunkt der Gotthardstrasse ins Tessin mit der Furkastrasse ins Wallis und der Oberalp-Passstrasse nach Graubünden. Aus der Postkutschenzeit finden sich noch heute auf der Durchgangsstrasse Andermatts die Fahrspuren aus Granitplatten.
Vor der Weiterfahrt und dem Aufstieg zum Oberalppass sollen noch ein paar Worte zur Schöllenenschlucht gesagt werden. Diese wilde Felsenschlucht verbindet mittels eines kühn angelegten Geleises der Furka-Oberalp-Bahn Andermatt mit Göschenen.
Zwischen Göschenen und Airolo fahren die Gotthardzüge durch das 15 km lange, in Nordsüdrichtung durchbrochene Granitmassiv. Die Bahnlinie verläuft 300 m tiefer als Andermatt. Die Schöllenenbahn überwindet die Höhendifferenz zwischen Göschenen und Andermatt auf einer Strecke von 3,7 km. Die grösste Steigung von 179 Promille wird mittels Zahnradantriebs bewältigt. Diese interessante Eisenbahnfahrt überquert dreimal die Reuss und fährt fast zur Hälfte durch Tunnels und Galerien. Hin und wieder fällt der Blick in die unheimliche Schlucht und auf die kleine bogenförmige «Sprengibrücke» des alten Saumweges. Die endlosen Kehren und Windungen der Gotthardstrasse, der Felsenkessel mit den sagenumwobenen Teufelsbrücken rufen Legenden wach, denen zufolge diese Brücken nur mit Hilfe dämonischer Mächte erbaut hätten werden können. Das granitene «Russendenkmal», ein 10 m hohes orthodoxes Kreuz, unweit der Teufelsbrücken in den Felsen gehauen, erinnert an den blutigen Kampf der Russen unter Suworow gegen die Franzosen

Vor Eröffnung des Basistunnels verlief das Gleis, vom östlichen Ausgang des Furka-Scheiteltunnels (2160 m ü.M.) aus, schlangenartig die Furkareuss entlang abwärts, überquerte auf einem Viadukt den Fluss, liess Tiefenbach hinter sich und erreichte auf 1540 m Höhe den Ort Realp.

im Jahre 1799. Senkrecht ragen die zerklüfteten Granitwände zu gewaltiger Höhe empor, und donnernd stürzt die Reuss über Abgründe und Felsen zu Tal.

Andermatt–Oberalp–Disentis/Mustér

Von Andermatt aus fährt unser Zug in verlangsamtem Tempo, auf engen Kehrschleifen und mit Zahnradantrieb, hinauf zum Oberalppass. Bis zur

Andermatt mit Oberalppass. Der Ort ist an drei Seiten von Granitbergen gesäumt. Andermatt ist Schnittpunkt der Gotthardstrasse ins Tessin mit dem Strassen- und Schienenverkehr ins Wallis und der Furka-Oberalp-Bahn und Oberalp-Passstrasse (im Bild gut sichtbar) ins Bündnerland.

Einsattelung der Oberalp müssen 600 m Höhendifferenz überwunden werden. Das Trassee führt in drei grossen Doppelschleifen, der Oberalpstrasse folgend und diese überquerend, stetig bergan. Drei Kehrtunnels werden durchfahren. Im Gegensatz zur Schöllenenschlucht, wo die sich gegenüberliegenden Felswände zum Greifen nahe sind und vom Himmel kaum etwas zu sehen ist, erfolgt hier ein fast schwindelerregender Wechsel von der Nacht zum Tag. Die Aussicht ist prächtig. Der Blick fällt auf das tief im Tal liegende Andermatt, über das trogähnliche Urserental mit dem Ort Hospental, und in der Ferne bei Realp erkennt man die sich hochschlängelnde Strasse zum Furkapass.

Seite 45 oben:
Hospental. Die Kirche steht auf einer Anhöhe, rechts daneben thront das Wahrzeichen Hospentals, die Turmruine der Edlen von Ospental.

Seite 45 unten:
Hospental gegen Osten, um 1915. Im trogähnlichen Urserental liegen die Dörfer Realp, Hospental und Andermatt.

ANDERMATT

Schöllenenbahn

Schöllenenbahn

Seite 46 oben:
Der Bahnhof in Andermatt mit der alten Schöllenenbahn. Sie verbindet seit 1917 Andermatt mit Göschenen.

Seite 46 unten:
Ausfahrt aus dem oberen Tunnel der Schöllenenschlucht. In der Mitte ist die alte Teufelsbrücke und dahinter die im Sommer 1956 eingeweihte Strassenbrücke zu sehen.

Seite 47:
Damals wie heute fällt der Blick des Reisenden in die Schlucht der Schöllenen und auf die bogenförmige «Sprengibrücke» des alten Saumweges. Das farbige Bild zeigt die Aussicht nach Norden. Die braun eingefärbte Abbildung mit der Ansicht nach Süden zeigt die alte Schöllenenbahn an gleicher Stelle, jedoch ohne Galerie.

Seite 48 oben:
Das Eisenbahntrassee zwischen Andermatt und Göschenen führt vorbei an den endlosen Windungen der Gotthardstrasse. Das Bild entstand um 1930.

Seite 48 unten:
Die alte Schöllenenbahn fährt in Göschenen ein. In der Mitte die Öffnung des 15 km langen Gotthard-Eisenbahntunnels.

Nachdem diese sprichwörtliche Schienentreppe zum Oberalppass überwunden ist, erreicht man Nätschen, ein geschätztes Wintersportgebiet. Weiter führt die Bahnlinie in der 4 km langen Einsattelung des Oberalppasses, parallel zur Strasse. Sie verläuft durch eine Galerie am nördlichen Ufer des tiefblauen Oberalpsees und gelangt zur Station Oberalppasshöhe auf 2033 Meter. Hier befindet sich die Wasserscheide von Reuss und Rhein. Wir betreten «romontsches» Land, und zwar an dem Punkt, wo Graubünden am weitesten nach Westen reicht. Im Sommer grast das Vieh entlang des Bahndamms, und im Winter vergnügen sich viele Skifahrer auf Pisten und Touren in dieser sonnenreichen und schneesicheren Höhenlage.

Nun beginnt die Talfahrt. Während der Glacier-Express dem Berghang Calmut entlang, durch zwei Tunnels und Galerien geschützt, auf einem 39 m langen Viadukt das Val Val überquert und der Station Tschamut zustrebt, führt die Strasse über viele Kehren hinunter zu dieser ersten Siedlung auf Bündner Gebiet. Tschamut ist der höchstgelegene Ort der Talgemeinde Tujetsch im Vorderrheintal. Er liegt auf 1648 m Höhe. Von hier aus, aber auch von der Station Oberalppasshöhe aus gelangt man zur nahen Rheinquelle, zum Tomasee am Fusse des Piz Badus. Der kleine See liegt inmitten von Felsen und kahlen Steilwänden, in der Stille und Einsamkeit des Hochgebirges.

Das Bahntrassee führt weiter abwärts, entlang der linken Hangseite, die mit Lawinenverbauungen gesichert ist, und erreicht die Talverengung bei der einsamen Kapelle St. Brida. Bei Dieni erweitert sich das Tal wieder, und der Glacier-Express überquert auf einem 61 m langen, aus Stein gebautem Viadukt das Val Giuv. Es folgt der Ort Rueras und wenig später Sedrun.

Die Gemeinde Tujetsch mit dem Hauptort Sedrun und den Dörfern Bugnei, Camischolas, Zarcuns, Rueras, Dieni, Selva und Tschamut zählt etwa 1500 Einwohner. Sie hat sich in den letzten Jahren zu einer reizenden Sommer- und Winterferiengegend entwickelt. Sedrun liegt auf einem Schuttkegel. Das alte Dorf mit seinen aus Holz gebauten Häusern ist durch zahlreiche neuere Gebäude erweitert worden. Die Kirche St. Vigelius am Drun ist ein Barockbau, der von 1691 bis 1692 entstanden ist. Der romanische Turm geht auf das Jahr 1205 zurück. Drei schöne Altäre aus der Werkstatt des Johannes Ritz aus Selkingen schmücken die Kirche.

Im 11. und 12. Jahrhundert kamen die «tütschen lüt» aus dem Urserental und dem Oberwallis hierher und gründeten die Siedlungen Selva und Tschamut. Tujetsch ist das Land der Kornhisten. Auf diesen freistehen-

den Gestellen, «chischners» genannt, wurden früher die Roggen-Ährenbündel zum Reifen der Sonne ausgesetzt. Placidus Spescha, weitum bekannter Pater aus dem Kloster von Disentis, beschreibt um 1800 die Landsleute des Tujetsch: «Die Tavetscher sind mit schönen Talenten begabt; man erblickt bei ihnen vielen Witz, Leutseligkeit, Biederkeit, Sanftmuth und Mitleid. Überhaupt lässt sich von den Tavetschern sagen, dass sie noch eine von der boshaften Welt abgesonderte, Gottesfürchtige, emsige, arbeitsame und unverfälschte Natur haben . . .»
Auf einem hohen und 110 m langen Viadukt über das Val Bugnei setzt der Glacier-Express seine Reise talauswärts fort. Die Bahnlinie folgt der tiefer liegenden Kantonsstrasse am linken Talhang, durchquert den Hochwald und erreicht nach einem weiten Bogen die Haltestelle Segnas.

Seite 50/51 oben:
Von Andermatt aus fährt der Zug auf engen Kehrschleifen und mit Zahnradantrieb hinauf zum Oberalppass. Der Blick fällt auf das tief im Tal liegende Andermatt und über das trogähnliche Urserental.

Seite 51 unten:
Die Furka-Oberalp-Bahn fährt hier in der 4 km langen Einsattelung der Oberalp bis zur Passhöhe auf 2033 Meter.

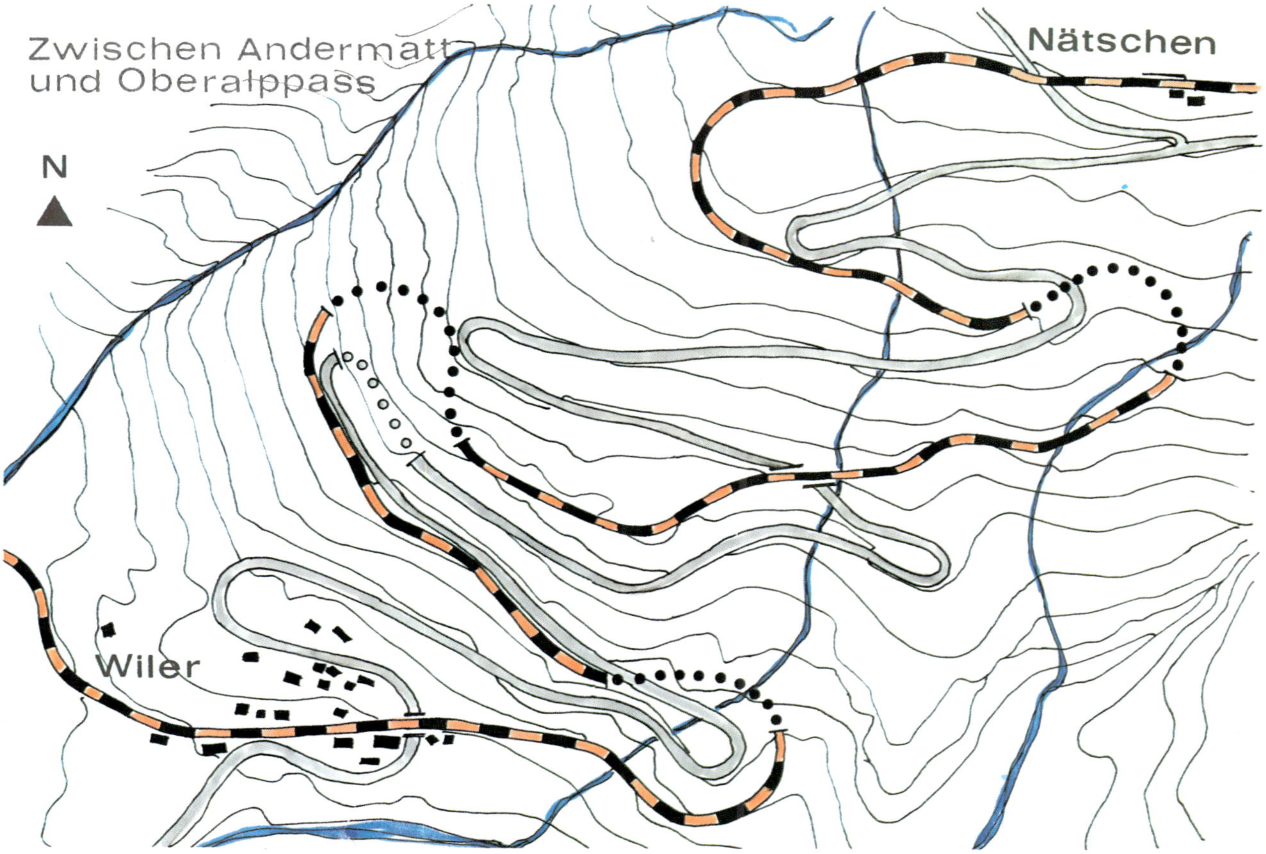
Zwischen Andermatt
und Oberalppass
N
Nätschen
Wiler

Hierauf führt das Trassee in den Talausschnitt des Segnasbaches hinein. Der Zug rollt über den 62 m langen, durch eine Kurve führenden Viadukt und fährt wenig später unter der Talstrasse hindurch. Nach einer weiteren Überquerung des Acletta-Baches, unmittelbar vor der Station Disentis/Mustér, führt die Bahn in den 262 m langen Disentiser Tunnel und unterfährt einen Teil des Dorfes. Hier, in Disentis/Mustér ist die Endstation der Furka-Oberalp-Bahn. Es ist die Rhätische Bahn, die den Glacier-Express für die Weiterfahrt übernimmt.
Die Furka-Oberalp-Bahn verkehrt also zwischen Brig und Disentis/Mustér. Sie verbindet zudem Andermatt mit Göschenen. Die gesamte Geleiselänge beträgt 100 km. Davon entfallen 22 km auf Zahnradantrieb (System Abt). Die grösste Neigung von 179 Promille – das sind 179 m Höhengewinn pro Kilometer – weist die Strecke zwischen Andermatt und Göschenen auf. Zwischen der höchst- und der tiefstgelegenen Station beträgt die Höhendifferenz 1362 Meter. Die höchstgelegene Bahnstation seit Inbetriebnahme des Furka-Basistunnels ist die Oberalppasshöhe auf 2033 m, und die tiefstgelegene ist Brig auf 671 m Höhe.
Disentis/Mustér ist Ausgangsort der beiden Passstrassen zum Lukmanier und zur Oberalp. Der Ort erhält sein Gesicht durch das Benediktinerkloster. In hellem Weiss, mit nach Süden gerichteter Fassade und von zwei Barock-Zwillingstürmen begrenzt, ist das Kloster unübersehbares Wahrzeichen von Disentis. Die Gründung des Klosters in der «Desertina», das heisst in der Einsamkeit oder Abgeschiedenheit, erfolgte im 8. Jahrhundert. Es beherbergt heute eine berühmte Mittelschule sowie ein

Seite 52/53:
Nachdem die sprichwörtliche Schienentreppe zum Oberalppass überwunden ist, erreicht man Nätschen, ein damals wie heute geschätztes Wintersportgebiet.

Seite 54 oben:
Pendel-Sportzug zwischen Andermatt und Nätschen. Die Aussicht zur Furka ist prächtig, und eine Abfahrt nach Andermatt bedeutete schon damals für jeden Skifahrer ein besonderes Erlebnis.

Seite 54 unten:
Im Sommer grast das Vieh friedlich entlang des Bahndamms auf der Oberalp.

Seite 55 oben:
Die Oberalppasshöhe. Im Winter vergnügen sich Skifahrer auf Pisten und Touren auf dieser sonnenreichen und schneesicheren Höhenlage.

Seite 55 unten:
Am Oberalpsee befindet sich die Wasserscheide von Reuss und Rhein. Hier betreten wir «romontsches» Land, und zwar an dem Punkt, wo Graubünden am weitesten nach Westen reicht.

bedeutendes Museum. Das Kloster ist Kultur- und Kunstzentrum der Surselva, des Bündner Oberlandes. Zur Klosterkirche selbst, mit reichverziertem Hauptaltar und acht Seitenaltären, lassen wir den höchst kompetenten Erwin Poeschel (Die Kunstdenkmäler des Kantons Graubünden) zu Worte kommen: «Die Klosterkirche zu Disentis ist in künstlerischer Hinsicht nicht nur die Krönung der Bautätigkeit des Barocks in Graubünden; sie stellt auch eine besonders glücklich ausgewogene Fassung jener Ideen dar, die sich an die Namen der Vorarlberger Meister knüpfen . . .»

Furka-Oberalpbahn. Blick gegen die Furka

Post- und Kurhotel Oberalpsee 2037 m
Sommer- u. Winterstation der Furka-Oberalpbahn

Oberalp-Passhöhe 2048 m Hotel Oberalpsee

Neben der Kloster- und der neurenovierten Pfarrkirche, einem reich mit Stuckornamenten versehenen Barockbau, befinden sich nicht weniger als 12 weitere Kirchen und Kapellen auf Gemeindegebiet.
Die älteste und auflagenstärkste rätoromanische Zeitung «Gasetta Romontscha» besteht seit 1856 und erscheint zweimal wöchentlich in Disentis/Mustér. Sie hilft mit, die bedrohte Sprache zu erhalten.
Seit Beginn der siebziger Jahre ist Disentis/Mustér ein begehrter Wintersportort geworden. Mit der Luftseilbahn Disentis–Caischavedra und weiteren Skiliften gelangt man bis zum Fusse des Péz Ault.

Unterhalb Selva fährt der Glacier-Express, von Wald, Felsen und Strasse eingeengt, an der einsamen Kapelle «Sontga Brida» vorbei nach Rueras. Im Schiffgewölbe der Kapelle mit Dachreiter und Spitzhelm befindet sich ein interessantes Gemälde aus dem Jahre 1763.

Seite 56:
Das am westlichen Ende des Oberalpsees gelegene Hotel «Oberalpsee» wurde am 20. Januar 1951 von Lawinen zerstört. Der Hotelbesitzer, Wetterwart der Furka-Oberalp-Bahn, wurde zusammen mit seiner Frau getötet.

Seite 57:
Die Passhöhe und die Stille des glitzernden Oberalpsees sind überwältigend. Die damalige Eisenbahnfahrt mit der Dampflokomotive entlang des nördlichen Seeufers war romantisch. Seit 1941 führen Bahntrassee und Passstrasse an dieser Stelle nebeneinander durch eine 731 m lange Galerie.

Das Trassee der Furka-Oberalp-Bahn führt unterhalb Tschamut entlang der linken Hangseite, die mit Lawinenverbauungen gesichert ist.

Ilanz, Reichenau und Chur

Die Rhätische Bahn führt den Glacier-Express aus der Weite von Disentis/Mustér hinein in die Enge des Val Russein. Ein imposanter, 100 m langer Viadukt, aus Natursteinen gemauert, überbrückt den wilden Russeinbach. Drei Brücken, Zeugen von drei verschiedenen Bauepochen, liegen hier nebeneinander. Die alte, überdachte Holzbrücke aus dem Jahre 1857 ist renoviert worden. Zwischen der Holzbrücke und dem Eisenbahnviadukt befindet sich die Eisenbeton-Bogenbrücke der Kantonsstrasse. Sie ist jüngeren Datums.

Die Furka-Oberalp-Bahn in Sedrun. Der Zug ist auf der Fahrt nach Disentis/Mustér. Im Vordergrund ist die 1836 erbaute «Judenkapelle», unmittelbar an der Strasse und am östlichen Dorfrand gelegen. Der hübsche Dachreiter, der von einem Zwiebelhelm gekrönt ist, sowie die Malerei am Giebel sind beachtenswert.

Seite 60 oben:
In Dieni, bei der Skiliftstation, überquert der Zug auf einem 61 m langen, aus Stein gemauerten Viadukt, das Val Giuf.

Seite 60 unten:
Oberhalb Disentis/Mustér führt das Trassee der Furka-Oberalp-Bahn in den Talausschnitt des Segnasbaches hinein. Der Zug rollt hier über den 62 m langen, durch eine Kurve führenden Viadukt parallel zur Strassenbrücke.

Seite 63:
Disentis/Mustér. Der Ort erhält sein Gesicht durch das Benediktinerkloster. Die Gründung des Klosters mit den seitlich angeordneten Barock-Zwillingstürmen geht auf das 8. Jahrhundert zurück. Links im Bild befindet sich die Kirche St.Johann Baptista. Kurz nach dem Bahnhof ist die Einfahrt zum 263 m langen Disentisertunnel zu erkennen, der zum Teil unter dem Dorf hindurchführt.

Auf einem hohen und 110 m langen Viadukt über das Val Bugnei, bei Sedrun, setzt der Zug seine Reise talauswärts fort in Richtung Disentis/Mustér.

Wenig später erblickt man die Kirche von Somvix, deren Turm von weitem sichtbar ist. Somvix, Hauptort der gleichnamigen politischen Gemeinde, umfasst die Ortschaften Rabius, Surrhein und Compadials. Rabius liegt an der Mündung des Somvixertales und ist die Heimat des um die Jahrhundertwende verstorbenen Dichters Gion Antoni Tuor. Entlang des linken Sonnenhangs erreicht der Glacier-Express die Station Trun.
Dieser Ort ist für Graubünden von ganz besonderer Bedeutung. Bei der St.-Anna-Kapelle, unmittelbar am Bahnhof gelegen, kam es 1424, unter

einem Ahornbaum, zum Schwur des «Grauen Bundes». Daher auch der Name «Graubünden» für den flächenmässig grössten Kanton der Schweiz. Bei der Kapelle befindet sich ein Ehrenhof mit Denkmälern von bedeutenden Persönlichkeiten der Surselva. Das Haus «Cuort Ligia Grischa», zu jener Zeit Sitz der Bundesversammlung des Grauen Bundes, beherbergt seit 1932 ein Talmuseum. Beachtenswert sind die stattlichen Bürgerhäuser links und rechts der Strasse, die Wallfahrtskirche «Nossadunna della Glisch», die Pfarrkirche und die Tuchfabrik Truns.
Weiter geht die Fahrt des Glacier-Expresses durch den kurzen Tiraun-Tunnel nach Tavanasa. Der Ort gehört zusammen mit Danis, Dardin und Breil zur Gemeinde Breil/Brigels.
Von Tavanasa bis Rueun durchfährt der Glacier-Express die Pardiala. Rechterhand, hoch über dem Vorderrhein, liegt das früher noch von Wallisern besiedelte Gebiet von Obersaxen. Auf der linken Seite, zwischen Hausstock und Vorab, führt der alte Panixerpass von Elm herüber. Nach der Schlacht bei der Teufelsbrücke in der Schöllenenschlucht erfolgte hier 1799 der unglückliche Rückzug des russischen Generals Suworow mit seinem dezimierten Heer.
Man überquert bei Rueun den Rhein, fährt dann beim Bahnhof an einer schönen, überdeckten, aus Holz gebauten Rheinbrücke vorbei und erreicht, nach einer weiteren Rheinüberquerung, Ilanz.
Ilanz heisst auf romanisch Glion und ist die erste am Rhein gelegene Stadt. Auf fruchtbarem Talboden, am Eingang des Lugnez und am Fusse der Signina-Gruppe gelegen, ist Ilanz ein alter Verkehrsknotenpunkt und ein beliebtes Marktzentrum. Das bürgerliche Städtchen weist noch Reste einer ehemaligen Stadtbefestigung auf, die nach dem Brand von 1717 mit Hilfe der Kantone Bern und Zürich erneuert worden war. Wahrzeichen des Städtchens ist das Obere Tor mit den Wappen der Capol, der Salis, der Schmid von Grüneck, der Stadt Ilanz und der Drei Bünde sowie den Standeswappen von Bern und Zürich. Sehenswert sind das Rote Tor, die Casa Gronda und das hübsche Barock-Gartenhäuschen. Die evangelische Kirche zeigt interessante Gewölbemalereien sowie ein Rokoko-Orgelgehäuse. Die Kirche St. Martin, auf einer Terrasse oberhalb der Stadt stehend, wurde im Jahre 765 zum erstenmal erwähnt.
Talabwärts führt der Glacier-Express, an Castrisch vorbei, in die Bergsturzlandschaft von Flims. Beeindruckende Schluchten säumen den Schienenweg. Zwischen Ilanz und Reichenau wurde in vorgeschichtlicher Zeit der Rheinlauf durch einen Bergsturz versperrt. Das Wasser schuf sich einen neuen Abfluss und bildete merkwürdige weisse, bis 300 Meter tiefe Schluchten. Sehr eindrucksvoll sind die von der Witterung

*Seite 65 oben:
Ein Zug der Furka-Oberalp-Bahn in Disentis/Mustér. Der lange Winter stellt die Männer und die Maschinen des Bahnunternehmens auf eine harte Probe.*

*Seite 65 unten:
In der Enge des Val Russein befinden sich interessante Brücken. Die alte, überdachte Holzbrücke aus dem Jahre 1857 wurde restauriert.*

Disentis/Mustér ist die Endstation der Furka-Oberalp-Bahn. Es ist, wie hier im Bild, die Rhätische Bahn, die den Glacier-Express für die Weiterfahrt nach St. Moritz übernimmt. Durch die Öffnung des Viadukts blicken die seitlich angeordneten Barock-Zwillingstürme des Benediktinerklosters.

geformten Steingebilde. Das vom Glacier-Express durchfahrene Gebiet zwischen Disentis und der erwähnten Rheinschlucht heisst «Surselva», das Hochtal «ob dem Wald». Der Uaul Grond bei Flims trennt das Vorderrheintal in zwei deutliche Abschnitte, in die Surselva und die Sutselva.

Die Dörfer Valendas, Versam, Sagogn, Laax, Flims und Trin liegen links und rechts der Strecke, auf sonnigen Terrassen, hoch über dem Rhein. Laax und Flims haben sich zusammen mit den Skigebieten Alp Naraus, Cassons, Crap Sogn Gion und dem Sommerski- und Langlaufzentrum «Vorab 3000» zu berühmten Ganzjahressportgebieten entwickelt.

Unterhalb Disentis/Mustér überquert der Glacier-Express die gefährliche Lumpegna-Schlucht. An den grossen Brückenbogen mit 30 m Spannweite schliessen sich 16 kleinere Öffnungen zu je 6 m Weite an.

Kaum hat der Glacier-Express die tiefe Rheinschlucht verlassen, ändert sich die Landschaft schlagartig. Eine breite Mulde öffnet sich dem Beschauer bei Reichenau, wo Vorder- und Hinterrhein zusammenfliessen.

Auf einer langen Eisenbrücke überquert der Zug den Hinterrhein, unmittelbar an der Stelle, wo sich beide Rheinarme vereinigen.

Reichenau, auf 604 m Höhe gelegen, gehört zur politischen Gemeinde Tamins. Das in klassizistischem Stil erbaute Schloss Reichenau, mit schöner Parkanlage, liegt auf der vom Rheinwasser umspülten Kuppe

Die Russeinerbrücken. Im Vordergrund befindet sich seit 1937 die Eisenbeton-Bogenbrücke der Kantonsstrasse. Daneben liegt der 100 m lange und im Jahre 1912 erbaute Eisenbahnviadukt aus Naturstein.

und ist in den letzten Jahren restauriert worden. 1793 gründete Johann Babtista Tscharner, Bürgermeister von Chur, im Schloss eine Erziehungsanstalt. An dieser Schule unterrichtete der spätere König von Frankreich, Louis Philippe von Orléans, Herzog von Chartres, einen Winter lang unter dem Pseudonym «Monsieur Chabaud». Ins Auge fällt der 1899 erbaute hohe, neugotische Turm der Taminser Kirche. Reichenau ist bekannt für seine vielen Brücken. Der Ort ist ein bedeutender Verkehrsknotenpunkt. Im Strassen- und im Schienenverkehr scheiden sich hier die Wege nach dem Engadin, zum Oberalp- und Lukmanierpass sowie nach Chur und dem San Bernardino. Der Glacier-Express verlässt

Die Station Rabius-Surrhein. Im Gegensatz zu den Obergomser Stationsbauten der Furka-Oberalp-Bahn passt diese chaletartige Bauweise eher zur ortsüblichen Architektur.

Reichenau und fährt nach Chur. In der Folge wird er nach Reichenau zurückkommen, um nach Süden abzubiegen, mit Ziel St. Moritz.
Von Reichenau bis Chur durchquert der Zug eine interessante Talsohle. Bei Domat/Ems wird das Gelände durch die sogenannten Tuma-Hügel unterbrochen, die sich aus der Ebene bis zu 70 m Höhe erheben. Diese zum Teil bewaldeten Kuppen sind Zeugen eines vorgeschichtlichen Bergsturzes des Calanda. Der Rhein suchte seinen Weg, indem er sich um diese vielen Hügel herumwand. Auf einem dieser Hügel, an der Nationalstrasse gelegen, thront die sehenswerte und reich ausgestattete alte Pfarrkirche St. Johann Babtista.
Weiter geht die Reise und führt nach Felsberg, in die Heimat von Bundesrat Dr. Leon Schlumpf. Dieser Ort, am linken Rheinufer gelegen, verdient besondere Beachtung. Hier am Calanda befand sich einst eine Goldgrube. Etwa 700 Meter über dem Rhein lag der Stollen «Zur goldenen Sonne». 1813 liess der Kanton Graubünden in Bern 72 Dublonen zu je 16 Schweizer Franken aus dem gewonnenen Gold prägen. Das Glück der Goldgräber jedoch war nur von kurzer Dauer, und das aufgekommene Goldfieber wurde durch spätere Verluste rasch gedämpft. Heute sind jene Goldstücke, mit den geprägten Wappen der drei Bünde, eine numismatische Rarität und äusserst wertvoll. Bei der Bank Leu in Zürich kostet das Stück um die 16 000 Franken.

Bei Trun, dem Ort des «Grauen Bundes» aus dem Jahre 1424, fährt der Glacier-Express in den 228 m langen Tiraun-Tunnel ein.

Noch wenige Minuten dauert die Fahrt, und der Glacier-Express erreicht Chur, die Hauptstadt des Kantons Graubünden. Die Stadt, auf 585 m Höhe und in der geschützten Lage des Rheintalknies gelegen, ist als Ausgangspunkt zu den verschiedenen Talschaften geradezu geschaffen. Als Endstation des Schweizerischen Bundesbahnennetzes für die Züge aus Zürich, Rorschach und St. Gallen ist Chur Verwaltungszentrum der Rhätischen Bahn, der Staatsbahn des Bergkantons Graubünden.
In Chur laufen seit jeher die Verkehrswege aus allen Himmelsrichtungen zusammen. Der «Hof» auf dem Felsen mit der Kathedrale aus dem 12.

Rheinwärts fährt der Glacier-Express, an Castrisch vorbei, in die Bergsturzlandschaft von Flims. Beeindruckend sind die Schluchten, die, bis zu 300 m tief, den Schienenstrang säumen.

und 13. Jahrhundert und dem Bischofsschloss mit Torturm und Kellerei erinnert an die «Curia Raetorum», die älteste Bischofsstadt nördlich der Alpen. Weitere Zeugen Churs sind die Kirche St. Luzi mit dem Priesterseminar, die St.-Martins-Kirche mit Brunnen, die Regulakirche und die Heiliggeistkirche. Sehenswert sind das Kunsthaus, das «Alte Gebäu», das «Graue Haus» als Regierungssitz, das Obertor, der Malteserturm sowie verschiedene Museen und die Kantonsbibliothek.

Churs Altstadt ist besonders schön. Stadtrundgänge sind auf höchst originelle Art auf der Strasse mit Fussspuren in den Farben Rot und Grün

Rheinbrücke bei der Station Versam
663 EDITION PHOTOGLOB CO. ZÜRICH
Gedenkst Du eigentlich auch noch Deiner
Freundin in Schnaus?

Restaurant

Felsberg
Felsberg

Bahnhof Chur
Verlag v. Festersen & Co., Basel. No. 126.

Seite 75 oben:
Felsberg. In den Jahren 1958 bis 1961 wurde die Strecke der Rhätischen Bahn zwischen Chur, Felsberg und Reichenau zur Doppelspur ausgebaut. Links im Bild ist die dritte Schiene für den Normalspurverkehr der Emser Werke von Chur nach Domat/Ems zu sehen.

Seite 75 unten:
Der Bahnhof in Chur um 1900. Das Gebäude wurde durch den Architekten Hans Bösch aus St. Gallen geplant. Es ersetzte 1878 die seit 1858 bestehende Station der Vereinigten Schweizerbahnen. Als Endstation der nachmaligen Schweizerischen Bundesbahnen für die Züge aus Zürich, Rorschach und St.Gallen ist Chur Verkehrsknotenpunkt der Rhätischen Bahn, der Staatsbahn des Bergkantons Graubünden.

Chur heisst auf romanisch Cuera, auf italienisch Coira und ist die Hauptstadt des dreisprachigen Kantons Graubünden. Das Bild zeigt von links nach rechts folgende Türme: den Turm der 700 Jahre alten und ehrwürdigen bischöflichen Kathedrale, den Turm der Martinskirche mit dem schlanken Spitzhelm und rechts aussen den Turm der Kirche Sankt Luzi mit Priesterseminar.

schroffen Bergkuppen und aus grünen Wäldern. Rothenbrunnen liegt jenseits des Rheins. Der Name des früheren Badeortes weist auf die jodeisenhaltigen Quellen hin. Hoch auf dem nahen Felsen thront wuchtig das Schloss Ortenstein.

Die Bahnlinie führt von Rothenbrunnen geradeaus dem linken Ufer des Hinterrheins entlang und an Realta vorbei. Am rechten Ufer liegt der Ort Rodels mit der Burg Rietberg, in der 1620 Pompejus von Planta ermordet wurde.

Es folgt Cazis am Fusse des Heinzenberges. Hier befindet sich das älteste Kloster Graubündens aus der Zeit um 700. In unmittelbarer Nähe wurden Überreste aus der Jungsteinzeit entdeckt. In weitausholender Schleife erreicht der Glacier-Express das 697 m hoch gelegene Thusis. Weithin sichtbar grüsst die Ruine Hohenrätien, 250 m über der Bahnstation. Thusis liegt am Eingang zur berühmten Viamala und der tiefzerrissenen Schinschlucht. Hier findet das Domleschg einen jähen Abschluss.

Thusis verdankt seine Bedeutung dem einstigen Verkehr über die Pässe Splügen und San Bernardino sowie dem späteren Ausbau der Strassenverbindung mit Tiefencastel und der Bernardinoroute zur alpinen Nationalstrasse N 13. Der Ort wurde öfters von Grossbränden heimgesucht und in der Folge immer moderner aufgebaut. Sehenswert sind die 1506 erbaute Kirche mit spätgotischem Rautengewölbe, das Haus von Rosenroll und das «Schlössli» mit Eckturm und Barockfassade. Thusis ist Ausgangspunkt der berühmten Albulalinie der Rhätischen Bahn. Der Glacier-Express fährt von hier aus auf dieser Strecke 62 km weit bis St. Moritz. Dabei überwindet er eine Höhendifferenz von 1077 Metern.

In Thusis überquert die Bahn, in nächster Nähe des Bahnhofs, auf einer 230 m langen Brücke, den Hinterrhein. Sie wendet sich hierauf gegen Osten, fährt an Sils vorbei, mit Blick zu der kleinen Kirche von St. Cassian, sowie an Schloss Baldenstein, Burg Ehrenfels und an der Ruine Campi vorbei. Über dem linken Ufer der Albula fährt der Zug in die wildromantische Schinschlucht ein. Bis zur Station Solis werden neun Tunnels durchfahren. Widmann beschrieb vor Jahren die Strecke: «Nun folgt die prachtvolle Solisbrücke mit ihren zwölf steinernen Bogen, deren grösster in einer Spannweite von 42 Metern angelegt ist. Dass diese und ebenso die andern Brücken gleich den Viadukten Steinbauten sind, trägt viel dazu bei, die Albulabahn zur ganzen Berg- und Felsenlandschaft in schöne Übereinstimmung zu setzen . . . Es besteht eine gute Harmonie zwischen der ursprünglichen Natur und dem Werk von Menschenhand . . .»

Die Schinschlucht bietet in der Tat einen wilden Anblick. Von dunklen Wäldern und grauen Felswänden gesäumt, ist sie stellenweise von eindrucksvoller Tiefe.

Unterhalb des Talkreuzes bei Tiefencastel fährt der Glacier-Express nahe an der an einsamer Stelle stehenden Kirche von Mistail vorbei. Die karolingische Dreiapsidenkirche mit dem altertümlichen, von einer spitzen Steinpyramide gedeckten Turm steht an der Stelle eines ursprünglichen, im 8. Jahrhundert genannten Klosters. Nach wenigen Minuten erreicht der Zug den Talkessel von Tiefencastel. Fast in rechtem Winkel

Reichenau. Auf einer 150 m langen Eisenbrücke überquert der Glacier-Express den Hinterrhein, unmittelbar an der Stelle, wo sich die beiden Rheinarme vereinigen.

kreuzen sich hier die Täler sowie Schin-, Lenzerheide-, Albula- und Julierstrasse. Hier vereinigen sich auch die beiden Flüsse Julia und Albula.

Tiefencastel liegt zu Füssen der barocken, 1652 erbauten Stefanskirche. Der Turm gleicht einem italienischen Campanile. Die Stuckarbeiten stammen von den Misoxer Meistern Giovanni Zucalli und Simone und Giovanni Giuliano aus Roveredo. Der Ort mit der Albulabrücke und den terrassenförmig übereinander liegenden Häusern ist eine charakteristische Passfuss-Siedlung.

Zum Albulatunnel und nach St. Moritz

50 km und 890 m Höhendifferenz trennen uns noch vom Ziel St. Moritz. Auf dieser nun folgenden Strecke – Abgründen entlang, über Täler und Wildbäche hinweg, hinein in den Berg und wieder heraus – erlebt der Reisende eine der schwierigsten Eisenbahn-Linienführungen.

Der Glacier-Express verlässt Tiefencastel. Er fährt in einer S-Schleife, an Felsüberhängen entlang, ins Albulatal hinein. Nach wenigen Minuten erblickt man im Tal den langgezogenen Ort Surava. Hoch oben, auf einem Felssporn, steht die Ruine Belfort. Nach der Überlieferung heisst

Seite 79 oben: Zwischen Rothenbrunnen und Realta. Hoch auf dem nahen Felsen thront wuchtig das Schloss Ortenstein. Am Fusse des Burgfelsens liegt die kleine Kapelle Sankt Viktor von Tomils.

Seite 79 unten: Die farbige Zeichnung zeigt die tiefzerrissene Schinschlucht mit der Solisbrücke, die Ruinen Hohenrätien und Campi sowie die Burg Ehrenfels. Weiter zeigt sie die Orte Sils mit Schloss Baldenstein, Thusis mit der Hinterrheinbrücke, das Domleschg und Heinzenberg mit den Ortschaften Cazis, Scharans und Rodels. Darüber hinaus ragen die Gipfel von Piz Beverin und Signina.

Piz Beverin 3000
Signina
Hohen-Rhätien
Heinzenberg
Rodels
Katzis
Thusis
Scharans
Baldenstein
Sils
Ruine Campi

es, eine Küchenmagd habe dort einen Brand entfacht, nachdem sie einen Kessel siedender Butter ins Feuer gegossen hatte. 1499 wurde die Burg von den Bündnern zerstört.
Der Zug kreuzt zweimal die Kantonsstrasse und fährt an Alvaneu vorbei. Der einst berühmte Kurort Alvaneuer Bad, auf 957 m Höhe, liegt am Albulaufer in einem verwilderten Park. Die Schwefelquellen waren schon den Römern bekannt. Das eigentliche Dorf Alvaneu sonnt sich an der rechten Bergseite auf 1181 m Höhe.
Auf einem 137 m langen und 35 m hohen Viadukt über das Schmittento-

Der Soliser Eisenbahnviadukt liegt zwischen zwei Brücken. Im Vordergrund befindet sich die alte, steinerne Strassen-Bogenbrücke. Im Hintergrund liegt die moderne, geradlinige Strassenbrücke parallel zum Eisenbahnviadukt.

Die Solisbrücke während der Bauarbeiten im Jahre 1901. Sie ist 164 m lang. Die Stämme für das Lehrgerüst wurden in nächster Nähe zu Pfählen, Balken und Pfeilern geschnitten und mit Pferden zur Baustelle geschleppt. Im Hintergrund ist die alte, 1868 erbaute Strassenbrücke zu erkennen.

bel verläuft die schmalspurige Bahnlinie in Richtung Landwasserschlucht, um hierauf das Tal auf dem 130 m langen und 65 m hohen, fünfsäuligen Viadukt zu überqueren. Der imposante, aus Naturstein gemauerte Landwasserviadukt stellt eine der eindrucksvollsten Eisenbahnbrücken der Schweiz dar. Er klebt buchstäblich an der steil abfallenden Felswand. Das kühn angelegte Bauwerk ist in einer Kurve von 100 m Radius erstellt. Vom Viadukt aus fährt der Zug direkt in den 216 m langen Landwassertunnel ein. Im Anschluss an diese einmalige Talüberfahrt und nach Verlassen des Tunnels durchfährt die Bahn den «Chavar-

Tiefenkastell mit Bahnhof
3348 EDITION PHOTOGLOB CO ZÜRICH

Der Glacier-Express fährt bei Tiefencastel, an Felsüberhängen entlang, ins Albulatal hinein. Der Ort liegt zu Füssen der barocken, 1652 erbauten Stefanskirche. Der Turm gleicht einem italienischen Campanile.

dura»-Wald und gelangt zur Einfahrtsschleife von Filisur, wo auch die Davoser Linie der Rhätischen Bahn ins Tal einmündet.
Auf ausgedehntem Grün, an der Stelle, wo das Albulatal nach Südosten abbiegt, liegt der Ort Filisur. Die Architektur der Häuser mit sgraffitoverzierten Fassaden und schmiedeisernem Gitterwerk verraten den Einfluss der Engadiner Bauart. Die Häuser liegen alle in Reih und Glied links und rechts der Strasse zum Albulapass. In der Kirche kamen während Restaurationsarbeiten im Jahre 1956 ungewöhnlich farbschöne Wandbilder zum Vorschein.
Nun beginnt die eigentliche Bergstrecke der Albulabahn. Die Steigung des Trassees erhöht sich von bisher 25 auf 35 Promille. Das sind 35 m Höhengewinn pro Kilometer. Oberhalb Filisur setzt der Glacier-Express zu einer 1200 m langen Schleife an, die zum grossen Teil durch ein Kehrtunnel führt. Hier erheben sich die Ruine Greifenstein und die Überreste einer Kapelle. Beide Bauwerke sind teilweise in den Fels gehauen.
Weiter geht es, in südöstlicher Richtung, hoch über der Albula, an der steilen und bewaldeten Berglehne entlang, durch mehrere Tunnels bis zum Engpass des Bergünersteins. Der Bergünerstein, der sogenannte «Igl Crap», wird in einem 409 m langen Tunnel unterfahren. Kaum kommt man ans Tageslicht, geht es in den 333 m langen Glatscheras-Tunnel. Wenig später eröffnet sich dem Reisenden der Blick auf die Schönheit der weiten Bergüner Ebene.
Bergün. Der alte Gerichtsturm, la Tuér, überragt alle Häuser und ist das Wahrzeichen des Ortes. Die Wohnhäuser mit den Trichterfenstern und den mächtigen Hoftoren, den sogenannten «Sulér»-Türen, verraten das nahe Engadin. Die Kirche mit interessanten Wandmalereien und einer schönen gotischen Decke stammt aus dem 12. Jahrhundert. Für Wintergäste stehen Skilifte bereit und eine ganz besondere Attraktion: die Schlittelbahn. Die Schlittelbahn von Bergün, heisst es, sei die längste Naturschlittelbahn Europas. Jedes Jahr wird von Mitte Dezember bis in den März hinein die 6 km lange Albulapassstrasse zwischen Bergün und Preda zum Schlitteln hergerichtet. Um den Transport der Schlittelgäste ist die Rhätische Bahn besorgt. Fast jede Stunde fährt ein Zug von Bergün nach Preda zum «Start».
Die Strecke zwischen Bergün und Preda zeichnet sich durch besondere Kapriolen aus. Die direkte Entfernung beträgt 6 km und die zu überwindende Höhendifferenz 416 Meter. Der Glacier-Express jedoch muss ohne Zahnradantrieb 12,6 km zurücklegen, um diese Talstufe zu meistern. Oberhalb Bergün überwindet der Zug durch drei lange Schleifen

und zwei Kehrtunnels die Halde zwischen den beiden Einschnitten des Val Tuors und des Val Tisch. Der Ort Bergün erscheint dem Bahnreisenden auf diese Weise einmal auf der linken, dann wieder auf der rechten Seite, was ihn bei der Orientierung manchmal verwirrt.
Auf nämliche Art geht es weiter. Der Glacier-Express fährt durch eine Galerie bei Muot, überquert hierauf die Albula und fährt in den 660 m langen Rugnux-Kehrtunnel ein. Wieder ans Tageslicht gekommen, überquert der Zug den tiefer liegenden, eben befahrenen Streckenteil, überfährt den Albulafluss von neuem und fährt in den Toua-Kehrtunnel ein. Kaum hat er diesen Tunnel verlassen, wird die tiefer liegende Tunneleinfahrt rechtwinklig überfahren und die Albula ein drittes Mal überquert. Was eben noch rechts war, ist nun links zu sehen, und nicht selten glaubt der Reisende, auf dem Rückweg zu sein. Es folgt eine lange Schleife am Fusse der Maliera-Lawinenverbauung. Der Albulafluss wird zum letztenmal überquert. Dann fährt der Zug in den 535 m langen Zuondra-Kehrtunnel ein. Wenig später wird die tiefer liegende, eben befahrene Tunneleinfahrt überquert. Nach diesem «Reigen» von Tunnels, Brücken und Schleifen fährt der Glacier-Express nun gleichmässig steigend, an Naz vorbei, nach dem 1789 m hoch gelegenen Preda. Hier fährt der Zug in den 5864 m langen Albulatunnel ein.
Der Scheitelpunkt des Albulatunnels liegt auf 1823 m Höhe. Damit stellt er den höchstgelegenen Alpendurchstich der Schweiz dar. Am Südeingang des Tunnels liegt die Alp Spinas im Beversertal, ein Seitental des Engadins. Auf einem Damm in der Talmitte, flankiert von der Crasta Mora und dem Piz Ot, fährt der Glacier-Express in Richtung Bever.
Bever ist dafür bekannt, die tiefste Wintertemperatur der Schweiz zu haben. Hier herrschen die grössten Temperaturschwankungen unseres Landes mit 61° Celsius. In der zwischen 1665 und 1667 erbauten Kirche, mit schönem Zwiebelturm, befindet sich ein Wandgemälde aus dem 14./15. Jahrhundert.

Bis St. Moritz sind es noch 11 Kilometer. Vom Südeingang des Albulatunnels aus bis Samedan fällt die Bahnlinie um 115 m und steigt dann bis St. Moritz wieder um 69 Meter.
Bever ist das erste Engadiner Dorf am Ausgang des Albulatunnels. Hier zweigt eine Linie der Rhätischen Bahn nach Nordosten ab, die ins Unterengadin nach Scuol führt. Unsere Fahrt aber führt südwestwärts durch das weite Tal nach Samedan und Celerina, bevor der Glacier-Express durch die Charnadüraschlucht durch zwei Tunnels die Endstation St. Moritz am See erreicht.

Der Bau des Landwasserviadukts im Jahre 1902. Über fünf steinernen Bögen beschreibt der auf hohen Pfeilern ruhende Viadukt eine Kurve. An einem Sonntag trafen sich Ingenieure mit «Landjäger» Ravizza beim Viadukt, um sich porträtieren zu lassen.

Samedan wird nach 2 km Fahrt erreicht. Es ist der Hauptort des Oberengadins und dessen politisches und verkehrsmässiges Zentrum. Samedan besitzt den höchstgelegenen Flugplatz Europas. Die schönen alten Engadiner Häuser mit reichverzierten Fassaden und kunstvollen, schmiedeeisernen Balkon- und Fenstergittern sind besonders sehenswert. Die Wohnstätten sind ohne Zweifel die originellsten Schöpfungen in der Architektur Graubündens. Selbst kleine Häuser sehen aus wie Palazzi. Das stattliche Plantahaus am «Plazzet», das ursprüngliche Stammhaus der Familie von Salis-Samedan, beherbergt nicht nur eine wertvolle rätoromanische Bibliothek, sondern dort befinden sich auch Prunkstuben und schöne Rokoko-Öfen. Weitere Sehenswürdigkeiten sind insbesondere die zwei spätgotischen Kirchen. Die eine, St. Peter, ist oberhalb des Dorfes gelegen, und die zweite steht mitten im Ort. Beachtenswert ist auch der ehemalige Gefängnisturm aus dem 12. Jahrhundert. In Samedan erscheint die rätoromanische Zeitung des Engadins, das «Fögl Ladin». Übrigens besitzt Samedan seit 1882 einen Golfplatz, den ältesten der Schweiz.

In der Ebene zwischen Samedan und Celerina/Schlarigna fliesst der Flazbach in den Inn, auf romanisch «En».

Celerina/Schlarigna präsentiert sich mit prachtvoll ausgewogenen

Vom kühnen Landwasserviadukt aus fährt der Glacier-Express direkt in den 216 m langen Landwassertunnel ein.

Hausfassaden und wertvoll geschnitzten Sulértüren. Östlich des Dorfes, auf einem Hügel, steht die Kirche San Gian, ein Bauwerk von besonderer kulturhistorischer Bedeutung.
Eine Seilbahn führt nach Marguns. Von Punt Muragl aus, gleich an der Bahnlinie zwischen Samedan und Pontresina gelegen, fährt eine Standseilbahn zum 2453 m hohen Muottas Muragl. Die Höhendifferenz zwischen Talstation und dem prächtigen Aussichtspunkt beträgt 715 Meter.
Unmittelbar nach Verlassen der beiden Tunnels «Charnadüra» und «Argenteri» fährt der Zug in St. Moritz ein.

Der imposante, aus Naturstein gemauerte Landwasserviadukt stellt nach wie vor eine der eindrucksvollsten Eisenbahnbrücken der Schweiz dar.

Der Glacier-Express hat damit nach langer, ermüdender, aber erlebnisreicher Fahrt sein Ziel erreicht. St. Moritz liegt auf 1774 m Höhe, am gleichnamigen See. Der Ort liegt in der einzigartigen Seelandschaft des Oberengadins und ist bekannt als Treffpunkt der internationalen «High Society». St. Moritz verfügt über vier Luxushäuser allerersten Ranges. Luxus- und Erstklasshotellerie stellen hier die Hälfte der Hotelkapazität. Auf 4500 Betten kommen 2250 Hotelangestellte!
St. Moritz hat 5500 Einwohner. Davon sind 1000 niedergelassene Ausländer. Während des Winters kommen noch 2500 Saisonarbeiter dazu. Es

Seite 90 oben:
Der Zug, auf seinem Weg nach St. Moritz, befindet sich hier zwischen Bergün und Preda, auf dem 95 m langen und 30 m hohen Albulaviadukt II.

Seite 90 unten:
Das Bild zeigt unten links die Einfahrt in den 670 m langen Toua-Kehrtunnel. Nach Verlassen des Tunnels überquert der Glacier-Express auf dem 137 m langen Viadukt III die Albula und die Passstrasse.

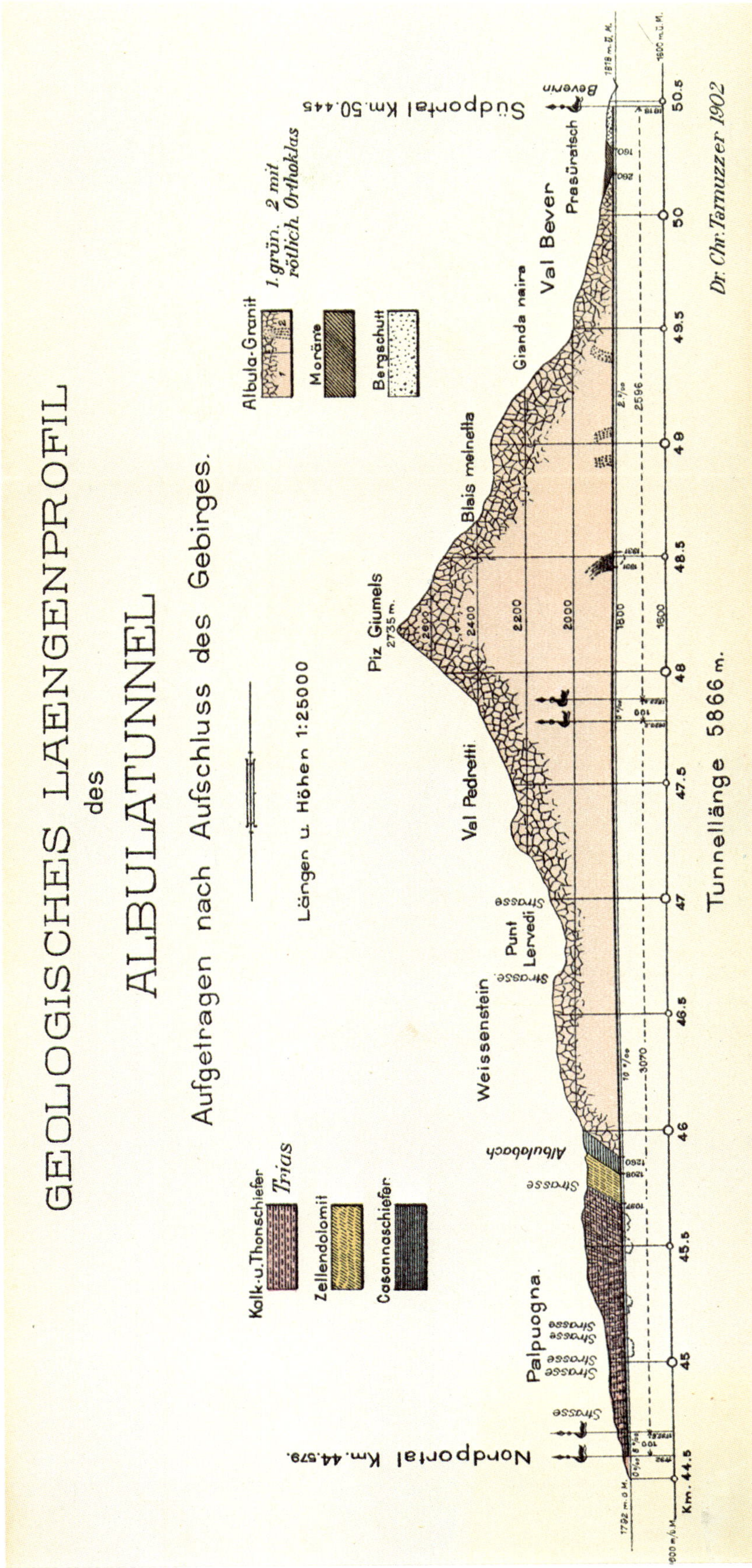

Der Bau des 5866 m langen Albulatunnels erfolgte von 1899 bis 1903. Das geologische Längenprofil wurde 1902 durch Dr. Christian Tarnuzzer «nach Aufschluss des Gebirges» aufgezeichnet.

Der Dampfzug aus den Anfängen der Rhätischen Bahn fährt gleichmässig steigend, an Naz vorbei, nach dem 1789 m hoch gelegenen Preda. Das Bild zeigt den Zug kurz vor der Einfahrt in den Albulatunnel.

und das Segantini-Museum sowie die renommierten Hotelbauten aus der Zeit um die Jahrhundertwende. St. Moritz-Bad besitzt die kohlensäurehaltigsten Eisenquellen Europas und ein modernes Heilbad.

Bauarbeiter vor dem Tunnel in Spinas im Jahre 1903. Am Südeingang des Albulatunnels liegt die Alp Spinas im Beversertal. Die Schwellenhöhe liegt hier auf 1818 Meter.

Seite 94 oben:
Samedan um 1906. Ein Zug mit vorgespannter Mallet-Dampflokomotive G 2/3 + 2/2, Nr. 26, Baujahr 1902, steht am Bahnhof. Dahinter thront auf einer Anhöhe und mitten im Ort die spätgotische Kirche.

Seite 94 unten:
Die 1910 von St. Moritz über den Berninapass nach Tirano eröffnete Bahn gilt als Fortsetzung des Glacier-Expresses von den eisigen Gletschern zu den Weinbergen des Veltlins.

Seite 95:
St. Moritz einst und heute. Das weltberühmte Kur-, Erholungs- und Wintersportzentrum hat etwa 5500 Einwohner. Die Einwohnerzahl erhöhte sich von 228 im Jahre 1850 auf 3980 im Jahre 1930.

Samaden
Stationsgebäude
Engadin Press Co. Verl. No. 506

5490 Ober-Engadin - Piz Bernina (4052 m) und Piz Morteratsch (3754 m) mit Berninabahn

Schneeschleuderlokomotive der Berninabahn

Morteratsch-Gletschergrotte.

Seite 96 oben:
Eine Dampf-Schneeschleudermaschine der Berninabahn bei «Ospizio Bernina» auf 2253 m Höhe. Das Schleuderrad an der Front besitzt einen Durchmesser von 2,40 Meter.

Seite 96 unten und 97:
Der Morteratschgletscher am Fusse des Piz Bernina. Er hat eine Fläche von 19,5 Quadratkilometer. Seine Länge beträgt 9 km. Durch die englische Bergsteigerelite kam 1863 die Gründung des «Schweizer Alpen-Clubs» (SAC) zustande. Die Besteigung von Gletschern und Gipfeln war ursprünglich Sache anspruchsvoller und wohlhabender Herrschaften. Erst später wagten auch Touristen das Abenteuer.

Seite 98:
Die einzigartige Seelandschaft des Oberengadins. Im Vordergrund breitet sich der Silsersee mit Sils-Baselgia (links) und Sils-Maria (rechts) aus. Im Hintergrund liegt der Silvaplanersee mit Silvaplana. Weiter fällt der Blick auf den Champfér-See, und in der Ferne erkennt man den St. Moritzersee mit St. Moritz.

Wintersport im Engadin-Skikjöring.

II. Aus der Baugeschichte der beteiligten Bahngesellschaften: der Brig-Visp-Zermatt-Bahn, der Gornergrat-Bahn, der Furka-Oberalp-Bahn und der Rhätischen Bahn

1. Die Brig-Visp-Zermatt-Bahn und die Gornergrat-Bahn

Kühne Projekte

Roman Abt war Ingenieur und lebte von 1850 bis 1933. Nach ihm, dem Erfinder, wurde das Zahnradsystem benannt, das beim Bau der Gornergratbahn, der Brig-Visp-Zermatt-Bahn und der Furka-Oberalp-Bahn Anwendung fand. 1891 schrieb er in der Fachzeitschrift «Schweizerische Bauzeitung»: «Als vor 20 Jahren (1871) Meister Riggenbach seine erste Zahnradlocomotive aus dem freundlichen Vitznau den Felshängen des Rigi entlang führte, fiel ein wahrer Regen von Bergbahn-Projekten über das ganze Land. Wer immer auf den alten Häuptern im Alpenkranze sich einen Platz mit grosser freier Aussicht erobern konnte, hatte nichts Eiligeres zu thun, als denselben zum Ziel einer Touristikbahn zu machen.»

Weiter erklärte der Bergsteiger, Topograph und Ingenieur Xaver Imfeld anlässlich eines Vortrags beim Zürcher Ingenieur- und Architekten-Verein am 11. März 1891: «Um auch den Besuchern von Zermatt, welche an die Strapazen einer Gebirgswanderung nicht gewöhnt sind, eine Exkursion ins Hochgebirge zu ermöglichen, wurde die Gornergratbahn projektiert und ein bezügliches Koncessionsprojekt von den Herren Heer-Betrix und Ingenieur Imfeld eingereicht.»

Die beiden Herren, Heer-Betrix und Xaver Imfeld, hatten noch andere Pläne. Zermatt sollte Ausgangspunkt für zwei Hochgebirgsbahnen werden, wovon die eine zum Gornergrat, die andere zum Matterhorngipfel führen sollte. Im erwähnten Vortrag sagte Imfeld weiter: «Der Gipfel des Matterhorns ist zu baulichen Anlagen sehr geeignet; derselbe bildet nämlich keine Spitze, sondern er ist einer Dachfirste vergleichbar, bei welcher der Höhenunterschied beider Endpunkte, auf 180–200 m Länge, nur 20 m beträgt.»

Die Initianten beschrieben das Projekt zum Matterhorngipfel in zahlreichen Zeitschriften und Zeitungen. Das entsprechende Konzessionsgesuch wurde 1890 eingereicht. Es war geplant, das Matterhorn in drei Etappen zu erobern. Die erste Etappe sah eine elektrische Standseilbahn mit einer Spurweite von 0,80 m bis zum Schwarzsee (See Schafberg) vor. Bei einer Höhendifferenz von 535 m und einer Steigung von 48 Prozent betrug die horizontale Länge 1140 m. Die Baukosten wurden mit 550 000 Franken veranschlagt. Vom Schafberg oder vom Schwarzsee aus bis zur Whymperhütte war eine zweite Etappe vorgesehen. Die horizontale Länge sollte 4550 m betragen und die Höhendifferenz 820 Meter. Als Bau-

Seite 99:
Eine «Weltexklusivität» stellt das Skijöring dar. Dieser Skilanglauf hinter Pferden wurde 1907 vom Pferderennverein St. Moritz eingeführt. Auch für das Bobfahren (Bobsleigh passing Sunny Corner) wuchs das Interesse von Jahr zu Jahr.

Roman Abt aus Luzern war Maschineningenieur und lebte von 1850 bis 1933. Nach ihm, dem Erfinder, wurde das Zahnradsystem benannt, das beim Bau der Gornergratbahn, der Brig-Visp-Zermatt-Bahn und der Furka-Oberalp-Bahn Anwendung fand.

kosten rechnete man für diese zweite Etappe mit 1 582 100 Franken. Die dritte und letzte Etappe war als unterirdische Bahn geplant. Der Austritt des 2280 m langen Felsentunnels sollte etwa 20 m unterhalb des fast horizontal verlaufenden Firstkammes des Matterhorngipfels (4478 m) zu liegen kommen. Die Kosten dieser dritten Bauetappe mit einer Höhendifferenz von 1345 m und einer Horizontaldistanz von 1780 m wurden auf rund 2 Millionen Franken berechnet.
An die Erteilung der bevorstehenden Konzession dieser dritten Etappe wurde die Bedingung geknüpft, « . . . dass der Bau und Betrieb dieser

Matterhorn
Gornergrat
Riffel
Schwarzsee
Schafberg
Riffelalp
Zum See
Moos
Zermatt
X. Infeld

7300 Phototypie Co., Neuchâtel
Panorama de la Terrasse de l'Hôtel Gornergrat (3136 m)
Mont Cervin (4482 m)
ZENITH

Strecke in Bezug auf Leben und Gesundheit der Menschen keine Gefahren nach sich ziehen werde».
Ein etwas später eingereichtes Konzessionsgesuch von Nationalrat R. Roten und Ingenieur Zen-Ruffinen sah für die Gornergratbahn und für die Matterhornbahn bis zum Fusse des Gipfels Zahnradantrieb vor.
Die Zahnradbahn auf den Gornergrat wurde 1898 eröffnet. Das Projekt der Matterhornbahn jedoch konnte nicht in die Tat umgesetzt werden. Der Widerstand des Heimatschutzes war zu gross. Die Kommentare waren voller Entrüstung. So hiess es: Nur «Seelenlose, Nur-Techniker, die das Verhältnis von Berg und Mensch noch nie in seiner ganzen Tiefe erfasst hätten», seien überhaupt fähig, solche Projekte zu erfinden. Mehr als ein Jahrzehnt später schrieb Dr. Karl Giannoni aus Wien in einem Artikel über Heimatschutz und Fremdenverkehr in bezug auf Bergbahnen: «Auf das Matterhorn eine Bahn zu führen, halte ich aber für eine jedes anständigen Zweckes bare Spekulation auf die Kulturlosigkeit und Sensationslüsternheit des reichen, snobistischen Modepöbels. Ich hoffe, dass sie auch vom Geschäftsstandpunkte ganz verfehlt ist, weil ich allen Ernstes glaube, dass bis zur Fertigstellung einer solchen Bahn der Snob seine Sensation auf dem Gebiet der Luftschiffahrt finden wird, und ihn das Kunststückchen der Technik am Matterhorn nicht mehr reizen würde.»
Heute, fast 100 Jahre später, ist der kleinere Bruder, das 3883 m über dem Meer liegende Klein Matterhorn, erobert. Dort oben, dem in den Himmel ragenden 4478 m hohen Matterhorn direkt gegenüber, können die Seilbahnbenützer den 176 m langen und höchsten Felsentunnel Europas benützen, um auf das Breithornplateau zu gelangen.

Seite 102 oben:
Die Zeichnung des Bergsteigers, Topographs und Ingenieurs Xaver Imfeld aus dem Jahre 1891. Zermatt sollte zu jener Zeit Ausgangspunkt für zwei Hochgebirgsbahnen werden. Die eine sollte zum Gornergrat und die andere zum Matterhorngipfel führen. Imfeld erklärte: «Der Gipfel des Matterhorns . . . bildet nämlich keine Spitze, sondern er ist einer Dachfirste vergleichbar, bei welcher der Höhenunterschied beider Endpunkte auf 180–200 m Länge, nur 20 m beträgt.» Siehe die eingekreiste Detailzeichnung.

Seite 102 unten:
Panorama von der Terrasse des Hotels Gornergrat aus, auf 3136 m Höhe. Alle drängen sich um das grosse «ZENITH»-Fernrohr. Von hier aus bietet sich eine grossartige Alpenrundsicht über gewaltige Gletscher und eine Vielzahl von Gipfeln.

Die Brig-Visp-Zermatt-Bahn

Schon 1886 ersuchte der Lausanner Bankier Masson um Erteilung der Konzession einer schmalspurigen Eisenbahn von Visp nach Zermatt. Die Baukosten wurden auf 5 433 000 Franken berechnet. Im Konzessionsgesuch wurde unter anderem ausgeführt:
«Die Zahl der Touristen, die jährlich das Zermatter Tal besuchen, beträgt bereits jetzt etwa 12 000, und dazu kommen weitere 2000, die sich ins Saaser Tal begeben und die geplante Bahn nach Visp bis Stalden benützen würden. Die gegenwärtigen Verbindungen von Visp nach Zermatt sind denkbar schlecht. Von Visp bis St. Niklaus, auf einer Entfer-

nung von rund 18 km, besteht nur ein Saumweg. Die Reise Visp–Zermatt erfordert wenigstens 8 bis 10 Stunden und ist mit beträchtlichen Kosten verbunden. Es steht ausser Zweifel, dass die Erstellung einer Bahn diese Reise sehr erleichtern und von Anbeginn an die Zahl der Reisenden, die dieses interessante Tal, eine Perle der Alpenwelt, besuchen, in starkem Umfange erhöhen würde . . .»

Am 21. Dezember 1886 gewährte der Bundesrat die entsprechende Konzession auf die Dauer von 80 Jahren. Der Sitz der Bahngesellschaft war Lausanne. Der Bau begann im November 1888. Die Eröffnung der Linie erfolgte etappenweise: Visp–Stalden am 3. Juli 1890, Stalden–St. Niklaus am 26. August 1890 und St. Niklaus–Zermatt am 6. Juli 1891. 35 000 Kubikmeter Fels mussten gesprengt und 215 000 Kubikmeter Erdmaterial bewegt werden. Die Baukosten betrugen schliesslich 6 Millionen Franken.

Die Eröffnung der Bahnlinie war ein grosses Ereignis. Zur «Premiere» wurde in Visp der erste Zug von Bischof Jardinier gesegnet. Auf der Fahrt nach Zermatt bereitete die Bevölkerung dem Zug auf jeder Station einen begeisterten Empfang. Die Musik spielte, Böllerschüsse ertönten, und junge, weissgekleidete Mädchen boten Blumen an. In Stalden wurde ein Imbiss serviert, und abends fand im Hotel Mont-Cervin in Zermatt ein grosses Bankett statt.

Oberhalb Stalden waren die Bauarbeiten besonders mühevoll und kosteten viel Geld. Kühn angelegte Brücken überspannen die Schluchten, und zahlreiche Tunnels führen die Bahn durch den gewaltigen Fels.

Am Bahnhof von St. Niklaus boten Buben und Mädchen den Fahrgästen ab und zu schwarze Kirschen, Walderdbeeren, manchmal Alpenrosen und sogar ein Edelweiss an.

Bis 1921 waren die Schweizerischen Bundesbahnen für den Betrieb verantwortlich. Dann ging er auf die Gesellschaft der Visp-Zermatt-Bahn über. Gleichzeitig wurden der Betrieb der Visp-Zermatt-Bahn und jener der Gornergrat-Bahn zusammengelegt. 1927 beschloss man, die Visp-Zermatt-Bahn durch einen neuen Streckenabschnitt zu verlängern, der Visp mit dem Bahnhof Brig verbinden sollte. Die Baukosten betrugen 850 000 Franken. Am 5. Juli 1930 wurde diese neue Strecke eröffnet, womit der Anschluss zur Lötschberglinie geschaffen war. Die direkte Verbindung von St. Moritz nach Zermatt erfolgte am 26. Juli des gleichen Jahres mit der Fahrt des verheissungsvollen «Glacier-Expresses» mit Speisewagenbetrieb. Drei Jahre später wurde der Ganzjahresbetrieb zwischen Brig und Zermatt eingeführt. Die durchgehende Elektrifzierung zwischen Visp und Zermatt erfolgte am 1. Oktober 1929. Am 5. Juli 1930

Auf der Strecke der Visp-Zermatt-Bahn in St. Niklaus. Hier boten Buben und Mädchen den Fahrgästen ab und zu schwarze Kirschen, Walderdbeeren, manchmal Alpenrosen und sogar ein Edelweiss an.

konnte das kurze Stück zwischen Brig und Visp ebenfalls elektrisch betrieben werden.

Die Bahn, die die Fahrgäste durch Visper- und Mattertal 44 km weit ins Herz dieser Bergwelt führt, erfreute sich von allem Anfang an grosser Beliebtheit. Der Verkehr nahm stark zu. 1891 reisten mit ihr 33 695 Personen, und 2062 Tonnen Waren wurden transportiert. 1971 beförderte die Bahn schon 1 588 568 Personen und 75 276 Tonnen Güter. Sechs Jahre später, 1977, betrug die Zahl der Fahrgäste zwei Millionen.

Die heutige, modernisierte Strecke von Brig über Visp nach Zermatt

Die Eisenbahnlinie Visp–Zermatt nach der «Erdlawine» vom 12. Juni 1907. Der Riedbach überflutete ein Teilstück der Linie unterhalb von St. Niklaus. In der Folge musste das Bahntrassee näher zum Berg hin verlegt werden.

weist 38 Brücken auf, die zusammen 465 m lang sind. Das ist mehr als ein Prozent der 44 km langen Strecke. Die längste Brücke ist mit 73 m die Mühlebachbrücke zwischen Stalden und Kalpetran. Insgesamt durchfährt der Glacier-Express zwischen Zermatt und Brig 7 Tunnels und 9 Galerien von 2680 m Gesamtlänge. Die längste Galerie ist 652 m lang und befindet sich zwischen Zermatt und Täsch.

Zum Schutz gegen Lawinen hat man in den Jahren 1931 bis 1933 oberhalb St. Niklaus 120 000 Bäume angepflanzt. In den letzten drei Jahrzehnten wurden die gesamten Anlagen grundlegend modernisiert. Der Oberbau wurde erneuert, und die Zahnstangenlamellen sind teilweise verstärkt worden. Neue Lawinengalerien sind entstanden und zahlreiche Eisenbrücken durch neue, armierte Betonbrücken ersetzt worden. Man hat das Eisenbahntrassee an verschiedenen Stellen korrigiert und auf diese Weise viele Niveauübergänge aufgehoben. Am 28. Mai 1972 sind die Pendelzüge zwischen Täsch und Zermatt eingeführt worden, und 1975 wurde der neue Pendelbahnhof Täsch in Betrieb genommen.

Die starke Zunahme des Personen- und Güterverkehrs erforderte eine erhebliche Vermehrung des Rollmaterials. Die Brig-Visp-Zermatt-Bahn besitzt etwa zwei Dutzend Lokomotiven, Triebwagen verschiedener Art, Steuerwagen, diesel-elektrische Rangierlokomotiven, Dieseltraktoren

Die Station Stalden. Der Ort bildet die Grenze zwischen Weinbau- und Berggebiet, am Zusammenfluss der beiden Vispen und an der Gabelung des Matter- und Saasertales.

und eine Dampflokomotive. Dazu kommen 60 Personen-, Gepäck- und Postwagen, 80 Güter- und 11 Dienstwagen sowie ein Schneepflug.

Die Brig-Visp-Zermatt-Bahn verdankt ihre gute Entwicklung hauptsächlich dem Verbot des Autoverkehrs zwischen Täsch und Zermatt. Schon 1931 schlossen die Bahngesellschaft und der Kanton Wallis einen Vertrag, in dem sich der Kanton verpflichtete, « . . . auf einer zwischen Stalden und St. Niklaus zu erstellenden, 3,60 m breiten Strasse jeden auf Rechnung Dritter erfolgenden Verkehr mit Autofahrzeugen und jeden Verkehr mit sechsplätzigen Automobilen und mit Lastwagen von mehr als zwei Tonnen zu verbieten.»

Nach Beendigung des Baues der Strasse von Stalden nach St. Niklaus trat das Autofahrverbot für die Dauer von 15 Jahren in Kraft. Zwischen St. Niklaus und Zermatt galt später das Autofahrverbot für die gleiche Zeitdauer. Für die Strecke Täsch–Zermatt besteht es heute noch. Zermatt ist einer der wenigen modernen Kurorte der Alpen ohne Autolärm und Abgase.

Der Eisenbahngesellschaft verdankt Zermatt das elektrische Licht. 1893 hatte sich auf Veranlassung der Visp-Zermatt-Bahn ein Konsortium gebildet, das aus Gemeinde, Bahngesellschaft und den Seiler-Hotels bestand. Seine Aufgabe war es, das elektrische Licht einzuführen. Zer-

Stalden mit der alten Visp-Zermatt-Bahn. Die Kirche aus dem Ende des 18. Jahrhunderts und die terrassenförmig übereinandergebauten Häuser liegen auf einem Felssporn.

matt war das erste Gebirgsdorf im Wallis, in dem die Glühbirne Einzug fand.

Die elektrische Zahnradbahn auf den Gornergrat

Wie schon gesagt, reisten mit der Visp-Zermatt-Bahn in ihrem ersten Betriebsjahr mehr als 33 000 Personen. Das war ein grosser Erfolg und regte die Phantasie der Ingenieure zu weiteren Taten an. Man dachte an die Verlängerung der Schienenwege bis hinauf zu den Gipfeln.

Heer-Betrix, ein Buchdrucker aus Biel, war grösster Förderer und Gründer der Gornergrat-Bahn. Eine durchgehende Schmalspurbahn von einem Meter Breite, mit dem Abtschen Zahnstangensystem ausgerüstet, wurde dem ursprünglichen Projekt eines gemischten Systems von Seil- und Zahnradstrecke vorgezogen. Vor Erteilung der Konzession am 30. Januar 1892 starb Heer-Betrix. Ingenieur Imfeld übernahm die Leitung, doch er erkrankte und konnte das Projekt ebenfalls nicht weiterführen. 1894 machte die Bieler Baufirma Haag & Greulich die Geländeaufnahmen und projektierte im Winter 1894/95 die Trasseeführung.
Am 11. Juni 1896 wurde der Bau der Gornergrat-Bahn einschliesslich der Lieferung des Rollmaterials und der elektrischen Einrichtung an Haag & Greulich für 3 Millionen Franken vergeben. Mitte Mai 1896 begannen die Bauarbeiten an der Visp- und Findelenbachbrücke. In jenem Jahr fiel schon Ende September in Zermatt so viel Schnee, dass die Arbeiten im Freien nicht fortgeführt werden konnten. Man konzentrierte sich auf den Tunnelbau. Während des ganzen Winters 1896/97 waren 150 Personen auf einer Höhe von 2000 m beschäftigt. Sämtliche 4 Tunnels wurden während dieser Zeit durchschlagen und zum Teil fertiggestellt. Im Frühjahr 1897 mussten bis zu 6 Meter hohe Schneemassen weggeschaufelt werden, um an die Arbeitsstellen zu gelangen. Die Zahl der Beschäftigten erhöhte sich auf 1100. Im Sommer 1897 gingen die Bauarbeiten rasch voran. Holz, Sand und Kalk wurden auf Maultieren zu den Bauplätzen geschafft. Ein Kubikmeter Sand am unteren Tunnelportal, 1,9 km von Zermatt entfernt, kam auf diese Weise auf 62 Franken zu stehen.
Grösstes und interessantestes Bauwerk ist die 93 m lange Findelenbrükke. Ursprünglich war vorgesehen, diese Brücke mit zwei Mittelpfeilern und drei Brückenöffnungen von je 24,4 m Lichtweite ganz als Mauerwerk zu erstellen. Solcherart ausgeführt aber hätte der Bau nicht rechtzeitig beendet werden können. Die Bahngesellschaft erklärte sich daraufhin mit einer Konstruktion aus Eisen einverstanden. Die Pfeiler wurden aus Stein gebaut.
Auf einer Höhe von über 2700 m machte sich bei den Arbeitern ein erheblicher Leistungsabfall bemerkbar. Die Arbeitsgruppen, meistens aus Italienern bestehend, klagten über Mattigkeit, Kopfschmerzen, Appetitlosigkeit, Atemnot und Herzklopfen. Der Bahnarzt, Dr. Goudrun, wurde zu Rate gezogen. Seine Diagnose lautete: Bergkrankheit. Als 1897 auf der Höhe des Gornergrats, das heisst zwischen dem 2819 m hohen Rothenboden und dem 3089 m hohen Gornergrat, gearbeitet wurde, vermehrten sich diese Krankheitserscheinungen. Man stellte fest, dass sich die Leistung der Arbeiter auf der Höhe um ein Drittel gegenüber

Seite 111:
Die Endstation Gornergrat von einst und von heute. Ursprünglich, das heisst im Jahre 1898, war das Stationsgebäude aus Holzfachwerk mit Verschalung und flachem «Holzzementdach» errichtet worden. Das heutige, maurisch anmutende, nach englischem Stil erbaute Kastell wurde im Jahre 1906 eröffnet.

Die Gornergratbahn, mit der gewaltigen Felspyramide des Matterhorns im Hintergrund, «erklettert» die letzten hundert Meter zur Zielstation Gornergrat.

jener im Tal verminderte. Die aus Italien kommenden «Arbeiterkompanien» wurden durch Bergbewohner ersetzt. Aber auch diese blieben von der Bergkrankheit nicht verschont. Man hat beim Bau der Gornergratbahn zum ersten Mal den Einfluss der Höhenlage auf die Leistungsfähigkeit des Menschen festgestellt und erkannt, « . . . dass die normale Leistung der Arbeiter bei einer Höhe von etwa 2700 m ü.M. die Grenze erreicht und bei etwa 3000 m Höhe gänzlich aufhört.»
Die Gornergrat-Bahn wurde von Anfang an mit elektrischer Energie betrieben. Zu diesem Zweck bauten Brown Boveri & Cie. aus Baden und

Ob. Gabelhorn 4073 m
Wellenkuppe 3910 m
Rothhorn 4223 m
Weisshorn 4512 m
Station du Gornergrat (3018 m)
(La plus haute station d'Europe)
Zermatt - 10 août 1904
Amitiés aux camarades. Léon.
3435 EDITION BURGY, LITH., SAINT-IMIER

J. 9573 Zermatt. Gare du Gornergrat

Die Zugkompositionen der Gornergratbahn verkehren auf einer Strecke von 9,34 Kilometer. Die Maximalsteigung beträgt 200 Promille. Das sind 200 m Höhengewinn pro Kilometer.

Th. Bell & Cie. aus Kriens ein Wasserkraftwerk. Die elektrische und hydraulische Anlage mitsamt Wasserdruckleitung konnte innerhalb von vier Wochen fertig montiert werden. Am 20. November 1897 lieferte sie zum ersten Mal Strom. Ein Jahr später, am 20. Oktober 1898, wurde der Betrieb der Gornergrat-Bahn eröffnet. Während der zweijährigen Bauzeit waren etwa 2400 Arbeiter daran beschäftigt gewesen. Sieben Jahre nach der feierlichen Eröffnung der Visp-Zermatt-Bahn konnte die elektrische Gornergrat-Bahn eingeweiht werden. Die zu jener Zeit ebenfalls erteilte Baukonzession für eine Bahn zum Gipfel des 4478 m hohen Matterhorns verfiel.

Während der Sommermonate des Jahres 1899 fuhren bereits 34 400 Personen auf dieser 9,4 km langen Bergstrecke von Zermatt zum Gornergrat. Der Ganzjahresbetrieb wurde 1929 eingeführt. Die Zahl der Passagiere stieg unaufhörlich. Sie erreichte 191 659 im Jahr 1950. 1976 waren es schon zwei Millionen. 1979 zählte die Bahn 2 294 783 Fahrgäste.

Die Fahrt führt durch einen Lärchenwald nach Riffelalp auf 2210 m und weiter über Riffelberg zur 3089 m hohen Endstation Gornergrat. Schön ist der Blick zum Matterhorn, zum Klein Matterhorn und zu den Gletschern Breithorn, Schwärze und Gorner. Bergauf beträgt die Fahrge-

schwindigkeit 14 km pro Stunde. Dabei wird eine Höhendifferenz von 1484 m innerhalb von 45 Minuten überwunden.
Die Gornergrat-Bahn besitzt 16 Triebwagen mit 1152 Sitz- und 1128 Stehplätzen sowie 3 Lokomotiven für den Güter- und Schneeschleuderverkehr. Dazu kommen noch ein Tankwagen für Wassertransporte, 4 Güterwagen und 2 Schneeschleudern.

Die Fahrt mit der Gornergratbahn führt zuerst durch die vier Tunnels Gsäss, Brähfluh, Kühlerbrunnen und Unteralp nach Riffelalp.

Ryffelberg - Ligne Zermatt-Gornergrat
3491 EDITION BURGY LITH., SAINT-IMIER

Zermatt - Gare du chemin de fer du Gornergrat
11081 Phototypie Co., Neuchâtel.

Die Brücke über die Findelenbachschlucht. Sie liegt 1,75 km von der Station Zermatt entfernt und ist 93 m lang. Der höchste Pfeiler ist 48 m hoch.

Seite 114 oben:
Die Gornergratbahn fährt von Zermatt aus nach Riffelalp auf 2210 m Höhe und weiter über Riffelberg (2585 m) zur 3089 m hohen Endstation Gornergrat.

Seite 114 unten:
Die alte Station der Gornergratbahn in Zermatt. Hier wurde, «. . .um dem Ganzen mehr Form und Ansehen zu geben», das Dach mit Schieferplatten gedeckt. Das machte eine Sprengwerk-Konstruktion notwendig.

2. Die Furka-Oberalp-Bahn

Die Anfänge

Die Zahnradbahn eignet sich vor allem für den Verkehr in unregelmässig beschaffenem Gelände. Die erste Zahnradbahn Europas wurde von Niklaus Riggenbach aus Olten im Jahre 1871 von Vitznau auf die Rigi gebaut. Riggenbach lebte von 1817 bis 1899 und gilt als Pionier im Bau von Zahnradbahnen. Ungezählte Bergbahnen, nicht nur in der Schweiz, sondern in ganz Europa, in Indien und in Brasilien wurden nach seinem Konzept erstellt.
Maschineningenieur Roman Abt aus Luzern konstruierte sein Zahnradsystem im Jahre 1882. Dieses «Abt'sche» System weist insofern Vorteile auf, als die Möglichkeit der Kombination zwischen Adhäsions- und Zahnstangenbetrieb besteht. Ausserdem erlaubt es kleinere Kurvenradien als jenes von Riggenbach.
In der Mitte der Schwelle, zwischen den Laufschienen, ist die Zahnstange befestigt. Die Abt'sche «Lamellenzahnstange» weist ausgefräste Kerben auf, die jeweils um eine halbe Zahnbreite gegeneinander versetzt sind. Dadurch erfolgt ein mehrfacher «Zahnradeingriff», der zusätzlich durch die Anordnung und die Anzahl der Zahntriebräder verdoppelt wird.
Roman Abt ersuchte bereits 1886, vier Jahre nach Erfindung seines Systems, um die Konzession einer Eisenbahnlinie mit Adhäsions- und Zahnradbetrieb von Brig nach Airolo. Zwischen Gerental und Val Bedretto war ein 6 300 m langer Scheiteltunnel geplant. Die Konzession wurde erteilt, doch dann wurde 1906 als Verbindung von Brig nach Domodossola die Simplonbahn eröffnet. 1902 wurde das Projekt einer Schmalspurbahn von Brig nach Gletsch erwogen. Es folgten weitere Studien, wie jene für die Bahn von Visp nach Gletsch im Jahre 1904 und ein Jahr später für die Bahnlinie Linthal–Kistenpass (Scheiteltunnel)–Brigels–Trun–Disentis–Sedrun–Oberalppass (Scheiteltunnel)–Andermatt–Hospental–Realp–Furka (Scheiteltunnel) nach Gletsch, mit Anschluss an die bereits bekannten Projekte.
Am 21. Juli 1907 wurde die Baukonzession für eine Schmalspurbahn zwischen Brig und Gletsch an R. Zehnder, X. Imfeld und an die Alioth AG erteilt. Wenig später, am 8. Oktober 1908, erhielten die Unternehmer Müller, Zeerleder, Gobat und Alioth AG, Basel, vom Bund die Konzession für den Bau der Fortsetzung der Bahnlinie von Gletsch über Andermatt nach Disentis/Mustér. Am 27. Mai 1910 erfolgte in Lausanne die Grün-

dung der Gesellschaft «Compagnie Suisse du Chemin de fer de la Furka». Sitz dieser «Gesellschaft B.F.D.» (Brig–Furka–Disentis) war Bern. Das Aktienkapital von 38 Millionen Franken war überraschenderweise zur Hauptsache durch Pariser Banken aufgebracht worden. Der Präsident des Verwaltungsrates war ebenfalls Franzose, nämlich Graf d'Ormesson. Die vorerwähnten Projektverfasser und Konzessionsträger wurden in der Folge aus der Gesellschaft entlassen.

Die Bahnstation Lax. Die Stationsgebäude des Goms, die nach den Baunormen der französischen Departementsbahnen erstellt wurden, passen nicht zur einheimischen Architektur. Zu jener Zeit betreuten wackere Walliserinnen die Bahnstationen, wie hier, links im Bild, die Frau im Dienstmantel.

Die Linie von Brig nach Gletsch

Die Bauarbeiten zu dieser Strecke wurden im Juni 1911 von der französischen Firma Société de Construction des Battignolles aufgenommen. Augenfällig sind noch heute die Obergomser Stationsgebäude, die nach den Baunormen der französischen Departementsbahnen erstellt wurden und «wie eine Faust aufs Auge» in die Landschaft passen.
Die Franzosen änderten zum Teil die vorgesehene Linienführung. Schon damals stand das Projekt eines Furka-Basistunnels zur Diskussion, aber schliesslich wurde die Entscheidung zugunsten eines billigeren, 1876 m langen Scheiteltunnels getroffen. Auf der ganzen Baustrecke, die in 20 Baulose eingeteilt war, arbeiteten zeitweise bis zu 3000 Personen. Die im Sommer 1911 am Furka-Scheiteltunnel begonnenen Arbeiten gingen trotzdem nur langsam voran. Anfangs 1912 war man erst 160 m weit in das schwierige Gestein eingedrungen. Oberingenieur Rothplez schlug vor, die Tunnelrichtung zu ändern. Ende September des gleichen Jahres jedoch waren die Mineure noch immer nicht weiter als 200 m vorgerückt. Auf der offenen Strecke hingegen gingen die Arbeiten zügig voran. Schon am 30. Juni 1914 fand die Einweihung des Teilstückes Brig–Gletsch statt. Dekan Clausen von Mörel hielt anstelle des verhinderten Bischofs von Sitten beim Bahnhof Brig die Einweihungsansprache. Die Zeitung berichtete: «... Nachdem die Geistlichkeit die Weihgebete gesprochen hatte, durchschritt sie die Bahnhofanlage und besprengte die Geleise, die Lokomotive und den ersten Zug mit Weihwasser. Hierauf erfrischten sich die Gäste durch einen Imbiss. Um 11 Uhr 15 fuhr der erste Zug rhoneaufwärts. In drei Zügen wurden sie nach Gletsch geführt. Im Kehrtunnel unterhalb Gletsch entgleiste ein Wagen, was eine Verspätung verursachte.
Im Hotel 'Gletsch' fand das offizielle Bankett statt, an dem der Präsident des Verwaltungsrates der Furkabahn, Comte d'Ormesson aus Paris, die Gäste willkommen hiess und den Behörden seinen Dank für das Interesse aussprach, das sie dem Unternehmen entgegenbringen. Hierauf dankte der Präsident des Staatsrates des Kantons Wallis, Dr. Hermann Seiler, der Unternehmung für ihre Initiative und Tatkraft ...»
Die Bündner freuten sich über die Streckeneröffnung, «... denn es handelt sich um eine Teilstrecke jener Linie, die Brig mit Disentis, also Wallis mit Graubünden und unserer Rhätischen Bahn, verbinden wird. – Die Strecke, die heute in offizieller und feierlicher Weise dem Verkehr übergeben wird, misst 42,6 Kilometer, macht also beinahe die Hälfte der 97 Kilometer langen ganzen Linie Brig–Disentis aus.»

Die pustende Dampflokomotive in Niederwald. Zwischen dem Schotter spriessen Gras und Blumen. Nachdem die französische Bahngesellschaft Konkurs gemacht hatte, wurde der Eisenbahnbetrieb zwischen Brig und Oberwald durch Zuschüsse des Bundes und des Kantons Wallis aufrechterhalten.

Doch nun begannen die eigentlichen Schwierigkeiten. Im April 1913 wurden vier Arbeiter beim Furka-Scheiteltunnel durch niedergehende Lawinen getötet. Die Mannschaft reiste ab. Erst im Frühsommer wurden die Arbeiten wieder aufgenommen. Anfangs 1914 stürzte ein Tunnelabschnitt ein. Dabei wurde ein italienischer Arbeiter verschüttet und getötet. Im Juni gleichen Jahres wurden die Arbeiten ganz eingestellt.
Am Furka-Scheiteltunnel wie auf der Strecke zwischen Gletsch und Disentis/Mustér begannen die Arbeiten erst wieder anfangs 1915. Der inzwischen ausgebrochene erste Weltkrieg erschwerte erneut die Fortsetzung der Arbeiten, da italienische Arbeiter und französische Ingenieure fehlten. Allen Schwierigkeiten zum Trotz aber konnte am 25. September 1915, abends um halb zehn Uhr, der Durchbruch des Furka-Scheiteltunnels gefeiert werden. Drei Unternehmer waren mit dem Projekt beschäftigt gewesen, aber erst der dritte war in der Lage, die Arbeiten zu Ende zu führen.
An der übrigen Strecke bis Disentis/Mustér waren die Arbeiten ebenfalls im Gang, und im November 1915 waren die letzten Geleise zwischen Andermatt und Disentis/Mustér gelegt.
Was die «Arbeiterfürsorge» beim Bau der Furka-Oberalp-Bahn betrifft, so schrieb ein Korrespondent der Bündner Zeitung: « . . . Schreiber

Der Glacier-Express in Gletsch im Jahre 1930. Der Wassertank der Lokomotive wird gefüllt. In diesem Jahr erreichte die Furka-Oberalp-Bahn die höchste Kilometerleistung durch Dampfantrieb. Für 197 200 Kilometer verbrauchten zehn Dampflokomotiven 2480 Tonnen Kohle.

dieses (Artikels) ist mit den hiesigen Verhältnissen gut vertraut und kann versichern, dass die Einheimischen mit den Italienern gut auskommen . . .
Die Kost besorgt sich jede Compagnia selber. Es sind dies meistens Abteilungen von 50 bis 60 Mann und werden alle nötigen Lebensmittel je nach Bedarf in hiesigen, ausschliesslich einheimischen Handlungen eingekauft. Die Arbeiter geniessen, infolge ihres grossen Bedarfs, meist niedrigere Preise als andere Konsumenten. So kommt es, dass die tägliche Kost inklusive Fleisch und Brot pro Arbeiter bei drei Mahlzeiten auf 85 bis 95 Cts. zu stehen kommt; also gewiss billig genug in dieser Zeit der allgemeinen Lebensmittelteuerung. Die Köche werden von der Unternehmung bezahlt.»
In den Jahren 1913 und 1914 hatte die Bahngesellschaft 10 Dampflokomotiven für Adhäsions- und Zahnradbetrieb angeschafft. Dazu kamen 30 Personen-, 10 Gepäck- und 30 Güterwagen. Die Lokomotiven trugen die Aufschrift «B.F.D.» (Brig–Furka–Disentis). Sie wurden bei der Schweizerischen Lokomotiv- und Maschinenfabrik in Winterthur bestellt und waren in der Lage, 60 Tonnen zu ziehen. Die Leistung jeder Maschine betrug 440 kW (600 PS).
Inzwischen war das gesamte Aktienkapital aufgebraucht worden, und

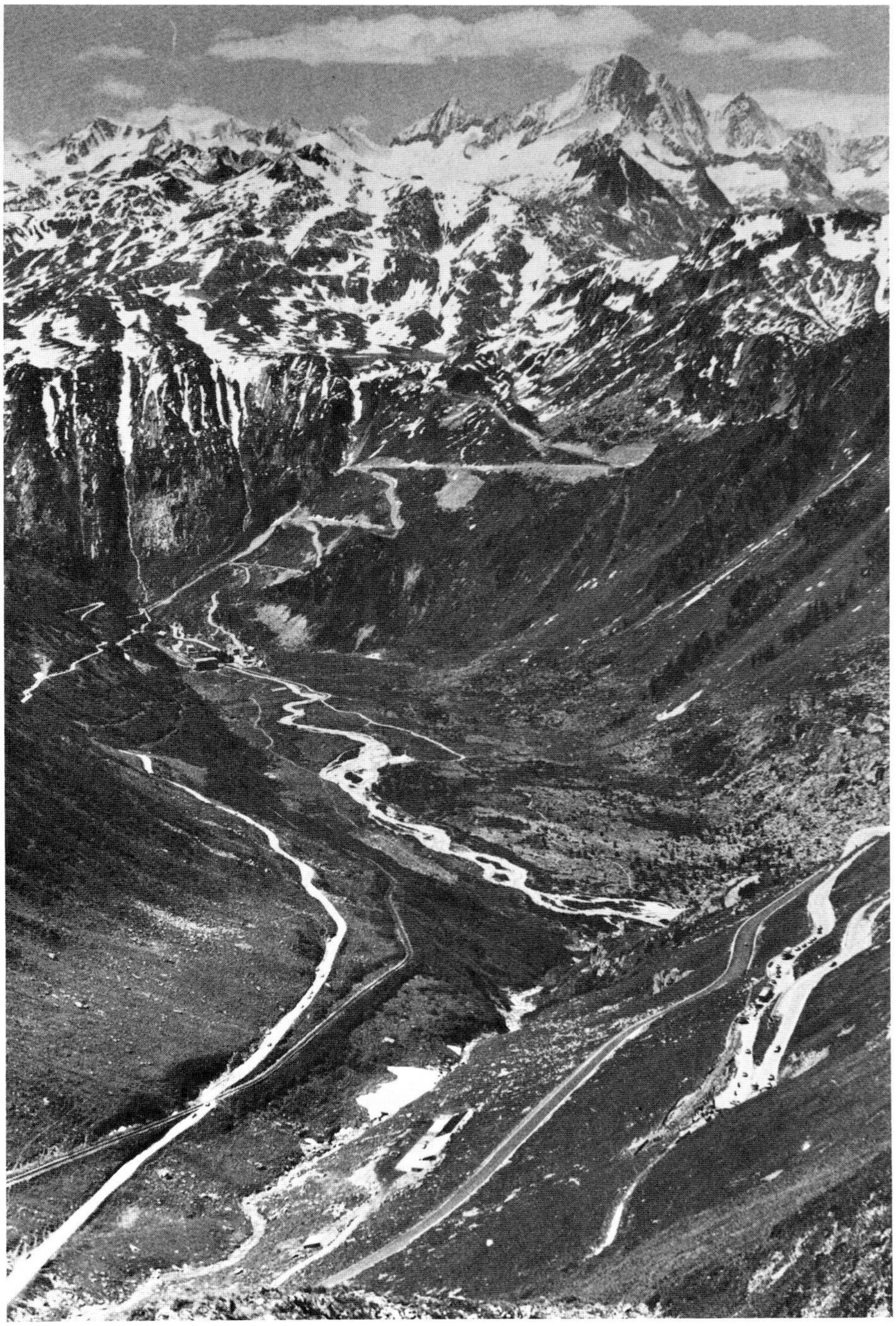

Der Talboden von Gletsch, von der Furka-Passstrasse aus gesehen. Zuunterst im Tal liegt das «Hotel Glacier du Rhône». Es entstand im Jahre 1860, anstelle einer bescheidenen Herberge. In der Ferne erkennt man die sich hochschlängelnde Grimselstrasse. Die Linie der Furka-Oberalp-Bahn führte noch bis zum Herbst 1981 den Längisgrat entlang, kreuzte die Furka-Passstrasse und gelangte zum Furka-Scheiteltunnel.

finanzielle Schwierigkeiten waren die Folge. Mitte 1916 sah sich die französische Gesellschaft gezwungen, die Bauarbeiten einzustellen. So war nur die Strecke von Brig nach Gletsch befahren. Die Linie Gletsch–Furka–Andermatt–Disentis konnte nicht in Betrieb gestellt werden. Am 2. Dezember 1923 verhängte das Bundesgericht den Konkurs über die Bahngesellschaft Brig–Furka–Disentis, und zunächst schien es, als hätte niemand Interesse an der Beendigung der Bahnlinie. Der Ganzjahresbetrieb zwischen Brig und Oberwald sowie der Sommerverkehr bis Gletsch wurde durch Zuschüsse der Eidgenossenschaft und des Kantons Wallis aufrechterhalten.

Fertigstellung und Eröffnung der Strecke von Gletsch nach Andermatt und Disentis/Mustér

Wie im vorausgehenden Kapitel beschrieben, schien die Verbindung «Rhone–Rhein» zum Scheitern verurteilt zu sein.
Doch da bildete sich im Oktober 1924 eine Interessengemeinschaft unter Leitung von Ingenieur Auguste Marguerat, Direktor der Visp-Zermatt-Bahn. Ihr Ziel war es, den Bau zu beenden und den Bahnbetrieb aufzunehmen. Die Gemeinschaft übernahm die Furkabahn am 4. April 1925. Die Beteiligten waren die Visp-Zermatt-Bahn, die Rhätische Bahn, die Schöllenenbahn, verschiedene Gemeinden, die Kantone Wallis, Uri, Graubünden und Waadt. Der Bund sagte Hilfe zu und erklärte sich bereit, die Garantie für die Hälfte der allfälligen Betriebsdefizite während 10 Jahren zu übernehmen. Auch die beteiligten Kantone stellten finanzielle Hilfe in Aussicht. Nachdem die eidgenössischen Räte ihre Zustimmung erteilt hatten, begannen die Arbeiten. Am 17. April 1925 erfolgte die Gründung der heutigen Gesellschaft «Furka-Oberalp-Bahn» (FO), mit Sitz in Brig.
Die Leitung der Arbeiten lag bei Auguste Marguerat sowie Erminio Bernasconi, Oberingenieur der Rhätischen Bahn. Die Fertigstellung der Eisenbahnlinie kostete 3,12 Millionen Franken. Nach der Kollaudation, also der Abnahmeprüfung der letzten Teilstrecke Gletsch–Andermatt, fuhren am 1. Juli 1926 alle fahrplanmässigen Züge versuchsweise. Die Einweihungsfeierlichkeiten fanden am 3. Juli statt.
Bischof Bieler aus Sitten segnete um Viertel nach neun Uhr die Linie am Bahnhof von Gletsch ein. Anschliessend offerierten die Walliser Behörden einen Imbiss. Um Viertel vor elf Uhr erfolgte die Abfahrt nach Andermatt. In Realp, dem ersten Dorf auf Urner Boden, hatte sich gross und klein beim Stationsgebäude eingefunden. Dasselbe Bild in Hospental. Dann erreichte der Zug Andermatt. Unter den Klängen der Musikgesellschaft ging man zum Hotel «Bellevue Palace», wo das offizielle Bankett stattfand.
Der Verwaltungsratspräsident der neuen Bahngesellschaft, Ch. E. Masson aus Lausanne, begrüsste die über 200 erschienenen Gäste in französischer Sprache. Bundesrat Haab, Chef des Post- und Eisenbahndepartements, ergriff ebenfalls das Wort. Er sagte unter anderem: « . . . Der Ring des schweizerischen Eisenbahnnetzes ist damit von West nach Ost geschlossen worden. Die französische Schweiz ist der deutschen und beide der romanischen näher gerückt, und darin liegt die nationale Bedeutung der Bahn.»

Seite 123 oben: Oberwald um 1930. Die Strecke von Oberwald über Gletsch nach Realp und umgekehrt musste per Zahnradantrieb während der Sommermonate bewältigt werden.

Seite 123 unten: Oberwald, Sommer 1981. Links im Bild ist der 670 m lange Dorf-Umfahrungstunnel zu sehen. Der abgebildete, moderne Zug der Furka-Oberalp-Bahn befindet sich auf einer seiner letzten Fahrten von Oberwald via Gletsch nach Realp.

Gletsch, am Fusse des Rhonegletschers gelegen. Am 30. Juni 1914 wurde die Eisenbahnstrecke von Brig nach Gletsch eingeweiht. Das Bild zeigt deutlich das Ende der Geleisanlage. Erst 12 Jahre später, im Juli 1926, konnte die Bahnlinie weitergeführt werden.

Um halb drei Uhr erfolgte die Abfahrt nach Disentis/Mustér. Hier bereiteten die Rhätische Bahn und die Gemeinde Disentis/Mustér dem Zug einen begeisterten Empfang. Die Zeitung berichtete über die Einweihungsfahrt: « . . . Tschamut und Rueras zeigten Flaggenschmuck, und in Sedrun war das ganze Dorf am Bahnhof. Die Musik spielte, der Männerchor sang ein romanisches Lied, und der Kirchenchor unter der schneidigen Direktion des Herrn Ortspfarrers Fetz erntete für eine tadellos gesungene Komposition stürmischen und wohlverdienten Beifall. Am Bahnhof (Disentis/Mustér) empfing die Musikgesellschaft Disentis die Festgäste mit einem schneidigen Tusch. Unter den Anwesenden bemerkte man auch den Hochwürdigen Bischof von Chur, Mgr. Georgius Schmid von Grüneck, sowie den gnädigen Abt von Disentis . . . Aus dem Kranz der Reden seien erwähnt die schwungvolle Begrüssung durch den bündnerischen Regierungspräsidenten W. Plattner – die romanischen Willkommworte von Herrn Dr. Condrau, Präsident von Disentis, und Herrn Ständerat Dr. Brügger.» Die offizielle Eröffnung der ganzen Strecke Brig–Andermatt–Disentis/Mustér erfolgte am Tag danach, am 4. Juli 1926. Der damalige Präsident von Disentis und spätere Nationalrat Dr. Giusep Condrau war in den Jahren von 1956 bis 1964 Verwaltungsratspräsident der Furka-Oberalp-Bahn.

Seite 125:
Gletsch, am 3. Juli 1926. Walliser Trachtenmädchen vor der mit Wappen und Blumen geschmückten Dampflokomotive anlässlich der Einweihungsfeierlichkeiten der Strecke Gletsch–Disentis. Bischof Bieler aus Sitten segnet die Linie am Bahnhof von Gletsch ein.

A. Bonafini Phot. Bern 8.

A. Bonafini Phot. Bern 1.

Die Elektrifizierung und die weiteren Ausbauten

Im Frühjahr 1940 wurde mit der Elektrifizierung der Strecken begonnen, und am 25. Juni 1942 konnte der durchgehende elektrische Betrieb aufgenommen werden. Die Furka-Oberalp-Bahn ist auch von militärischer Bedeutung. Deshalb wurden die elektrischen Anlagen am 2. September gleichen Jahres von Bundesrat Kobelt, Vorsteher des Militärdepartements, und von General Henri Guisan begutachtet.
Die Bahn war von Anfang an für den Tourismus bestimmt. Ihr Betrieb beschränkte sich in den höheren Regionen auf die Sommermonate.

Das Aufrichten der Masten für die elektrische Fahrleitung, wie hier oberhalb Disentis/ Mustér, geschah ausschliesslich mit Muskelkraft.

Im Frühling 1940 wurde mit der Elektrifizierung der Strecke der Furka-Oberalp-Bahn begonnen, und am 25. Juni 1942 konnte der durchgehende elektrische Betrieb aufgenommen werden. Im Hintergrund ist das Kloster von Disentis/Mustér zu erkennen.

Doch die Erschliessung von Skigebieten schritt rasch voran. So lag es auf der Hand, die Furka-Oberalp-Bahn nach Möglichkeit wintersicher auszubauen.
Im Raume Tavetsch, Oberalppass und Andermatt war schon zwischen 1934 und 1940 mit dem Ausbau für den Winterbetrieb begonnen worden. Zum Schutze von Lawinen hatte man entlang des Oberalppasses zuerst Schneetunnels gebaut. Im Zuge der Elektrifizierung führte man am Oberalppass grössere Bauarbeiten aus. Bahntrassee und Passstrasse wurden durch eine 731 m lange Galerie dem See entlang geschützt.

Eine Schneeräumungsmannschaft in Muttbach, unmittelbar westlich des Furka-Scheiteltunnels gelegen. Fast alles geschah damals mit Muskelkraft. An manchen Stellen lag das Geleise bis zu 10 Metern unter Schnee.

1943/44 wurde der Winterbetrieb aufgenommen. Der Winter von 1950 auf 1951 war sehr schneereich, und die Lawinen verursachten grosse Schwierigkeiten. Am 20. Januar 1951 zerstörten sie das am westlichen Ende des Sees gelegene Hotel «Oberalp au Lac». Der Hotelbesitzer, der ebenfalls Wetterwart der Furka-Oberalp-Bahn war, wurde zusammen mit seiner Frau getötet.
Am 28. Juni 1968 vereinbarten der Bund, die Kantone Wallis, Uri und Graubünden einerseits und die Furka-Oberalp-Bahn andererseits, die Bahnanlagen zu erneuern. Kredite wurden gewährt für die Anschaffung

In den Lawinenzügen, wie hier beim oberen Alt-Senntumstafel-Tunnel, mussten Traxmaschinen eingesetzt werden, um das Trassee zu befreien. Vor dem Bau des Furka-Basistunnels wurden die Schneeräumungsarbeiten jeden Frühling sowohl von Realp aus als auch von Oberwald her gleichzeitig begonnen.

von modernen Fahrzeugen, für den Umbau der Geleise und die Inbetriebnahme einer sogenannten Streckenblockanlage.

Zum Schutze der Bahnlinie waren oberhalb Tschamut umfangreiche Aufforstungen und Hangsicherungen notwendig. Die Strecke musste am Calmothang in zwei Tunnels mit Galerien verlegt werden. Die 2055 m langen Tunnels, mit Galerien in der Mitte und zu beiden Enden, konnten am 16. Oktober 1971 dem Verkehr übergeben werden. Unterhalb der Passhöhe, kurz vor der Station, wurde die Strasse ebenfalls in einem Tunnel unterfahren.

*Seite 131 unten:
Dampfzug aus der Anfangszeit der Furka-Oberalp-Bahn. Bis in den Sommer hinein bedecken die Schneemassen das Gelände der Haltestelle von Muttbach, am westlichen Ausgang des Furka-Scheiteltunnels auf 2117 m Höhe gelegen.*

*Seiten 130/131 oben:
Die Steffenbachbrücke, zwischen Realp und Tiefenbach. Weil sie in der Sturzbahn von Lawinen lag, wurde diese Brücke jeweils im Herbst abmontiert und im Frühjahr wieder aufgebaut. Die Konstruktion, eine Stahlbalkenbrücke, konnte mittels einer Seilwinde zerlegt werden. Die Brückenteile wurden alsdann auf die beiden Widerlager zurückgeschoben, so dass die Lawinen freien Durchlass hatten.*

Auf der über grosse Strecken lawinengefährdeten Furkaroute war ein wintersicherer Ausbau nicht möglich. Im Mai 1916 hat eine Lawine auf diesem Abschnitt die in Mauerbau erstellte Steffenbachbrücke zerstört. Sie wurde beim späteren Wiederaufbau im August 1925 durch die sogenannte «Faltbrücke» ersetzt, eine seither berühmt gewordene Stahlkonstruktion der Firma Th. Bell in Kriens. Wegen Lawinengefahr mussten – bis zur Eröffnung des Furka-Basistunnels im Jahre 1982 – über weite Strecken jeden Herbst die elektrischen Fahrleitungen und Masten abgebaut und im Frühjahr wieder montiert werden.

MUTTBACH

Baulokomotive mit Geleisewagen für die Arbeiten an der Lawinengalerie entlang des Oberalpsees. Bahntrassee und Passstrasse wurden in der Zeit von 1939 bis 1941 durch eine Lawinengalerie geführt.

Die vollständige Unterbrechung der Bahnlinie von Mitte Oktober bis Anfang Juni, das heisst mit einem unbefahrenen Mittelstück zwischen der Strecke Brig–Oberwald einerseits und Realp–Disentis/Mustér andererseits, war verlustreich. So konnte ein Ganzjahresbetrieb in der Furkaregion nur durch einen neu zu bauenden Basistunnel, die direkte Verbindung zwischen Oberwald und Realp, erreicht werden. Für und Wider dieses Projektes wurden lange und lebhaft diskutiert. Am 10. Dezember 1970 stimmte der Ständerat jedoch dem Bau des 15,4 km langen Eisenbahntunnels zu. Am 24. Juni 1971 folgte das Ja des Nationalrates. Das

Nach der Durchfahrt von Tunnels und Galerien am Berghang des Calmut überquert der Glacier-Express auf einem 39 m langen Viadukt das Val Val und strebt der Station Tschamut zu.

grosse Werk konnte somit begonnen werden. Es sollte viele Überraschungen bereithalten.

Der Bau des Furka-Basistunnels

Der Walliser Ingenieur Roger Bonvin, National- und später Bundesrat, war der eigentliche Förderer dieses Projektes. Zusammen mit Ingenieur Albert Coudray arbeitete er zwischen 1968 und 1969 an Plänen für

Tschamut mit der entlang der Hangflanke erbauten Bahnlinie im Jahre 1925. Im Juli gleichen Jahres fuhr das 13jährige Mädchen Pia Maggi aus Ilanz (Buchhandlung Maggi) mit seinem Grossvater, Alois Anton Baselgia, vom Oberalppass hinunter nach Sedrun. Sie waren die allerersten Passagiere und befanden sich in Begleitung der am Bahnbau beteiligten Ingenieure auf der Strecke der noch nicht eröffneten Bahnlinie. Die Fahrt erfolgte nicht in einem komfortablen Reisezugwagen, sondern auf einer rumpelnden Draisine.

schmalspurige Eisenbahnverbindungen mit Autoverladung zwischen Oberwald–Realp und Andermatt–Tschamut. Diese Studien schlossen auch eine Nordsüdverbindung Haslital–Goms–Tessin ein. Zuerst jedoch ging man an die Ausarbeitung des Projektes eines Furka-Basistunnels. Nach Verabschiedung der bundesrätlichen Botschaft zum Bau des Furka-Basistunnels durch den Nationalrat im Jahre 1971 stand dem Unternehmen nichts mehr im Wege. Das Projekt wurde daraufhin vom Verwaltungsrat der Furka-Oberalp-Bahn im Juni 1972 genehmigt. Man sah Kosten von 74 Millionen Franken vor.

Bis 15. Dezember 1972 waren 16 Angebote zur Übernahme der Tunnelbauarbeiten eingereicht worden. Die Vergabe erfolgte an je ein Unternehmer-Konsortium für die drei Baulose Oberwald, Realp und Bedretto. Unter der Oberbauleitung von Ingenieur Albert Coudray wurden die Vortriebsarbeiten in Oberwald und Realp am 1. Oktober 1973 begonnen. Die Arbeiten am sogenannten Bedrettofenster waren schon einen Monat früher in Angriff genommen worden.

Die Tunnelrichtung von Oberwald aus beschreibt einen Bogen nach

Nordosten. Das heisst: zuerst verläuft der Tunnel 6,9 km in Richtung Osten, dann 3,5 km nach Nordosten und schliesslich 5 km nach Norden, um nach 15,4 km Länge Realp zu erreichen. Die Tunnelöffnungen liegen bei Realp auf 1550 m Höhe und in Oberwald auf 1390 Meter. Der Lichtraum des Tunnels bei den zwei Kreuzungsstellen misst 70 bis 80 Quadratmeter.
Die Lage des Bedrettotals im Tessin bot die Gelegenheit, durch den Bau eines 5,2 km langen Stollens einen zusätzlichen Angriffspunkt für den Vortrieb im Haupttunnel zu schaffen. Das umstrittene Bedrettofenster konnte am 8. Juni 1977 durchschlagen werden. Ohne diesen Stollen hätte mit einer Bauzeitverlängerung von 1½ bis 2 Jahren gerechnet werden müssen. Zudem diente das Bedrettofenster auch als Sicherheitsstollen während der Bauzeit.
Der gewaltige Bergdruck mit Wassereinbrüchen bis zu 200 Sekundenliter sowie die nicht voraussehbaren Gesteinsformationen bereiteten den Tunnelerbauern ungeahnte Schwierigkeiten. Bei Temperaturen zwischen 22 und 30 Grad, bei einer Luftfeuchtigkeit von 100 Prozent, verrichteten die 270 Mineure von oben bis unten durchnässt ihre schwere und gefährliche Arbeit. Anlässlich der Durchschlagsfeier des Furka-Basistunnels sagte Staatsrat Dr. Wolfgang Loretan, Verwaltungsratspräsident der Furka-Oberalp-Bahn: «... Für den Tunnelmann war er (der Tunnel) aber, wie Mineur Roberto dem 'Geo'-Reporter im März 1981 anvertraute, Wasser-Staub-Schweiss, seine bisher härteste, dreckigste und gefährlichste Arbeit.»
Mit jedem Meter Vortrieb wuchsen die Schwierigkeiten um ein Mehrfaches. Im Juni 1977, bei Kilometer 3,385 ab Realp, zwang die Beschaffenheit des Berges die Mannschaften während 6 Monaten den maschinellen Vortrieb zu unterbrechen. In dieser Zone, die der Geologe hydrothermal zersetzten Granit nennt, konnten nur 164 m Jahresvortrieb erzielt werden. Das Gestein zerbröckelte und verwandelte sich in eine unstabile, unberechenbare Masse. Ständig mussten das Tunnelprofil und die massiven Stahleinbauten den jeweiligen Verhältnissen neu angepasst werden. Von der für 1978 geplanten Eröffnung des Furka-Basistunnels redete niemand mehr. Die 74 Millionen Franken reichten nicht aus, und laufend mussten Zusatzkredite bewilligt werden. Die Experten hatten ursprünglich damit gerechnet, dass 90 Prozent des Tunnels in standfestes Gebirge zu liegen kämen. Stattdessen erwiesen sich nur 10 Prozent der Strecke als problemlos.
Das «Furkaloch» verschlang statt der budgetierten 74 Millionen Franken über 225 Millionen plus 75,4 Millionen Franken Teuerungsausgleich. Es

Seite 137 oben:
Realp um 1900. Es ist der höchstgelegene Ort des Kantons Uri und Ausgangspunkt zum Furkapass. Später kam die Eisenbahn, und an beiden Ortsgrenzen, im Osten beim Lochbergbach und im Westen beim Ritegg, entstanden grosse Lawinenablenkwuhren.

Seite 137 unten:
Die Baustelle des Furka-Basistunnels mit den Arbeiterbaracken während der Bauzeit in Realp. Rechts im Bild, bei den überdachten Werkstätten, ist die Einfahrt des Basistunnels zu erkennen.

Die Einfahrt in den im Bau befindlichen Furka-Basistunnel mit dem rumpelnden Stollenzug. «Es ist heiss und feucht, lärmig und dreckig, gefährlich und eng», sagte man. Im Sommer 1981 arbeiteten 400 Mann im Tunnel.

wurde zum Politikum ersten Ranges. Selten ist ein Projekt solch harter Kritik ausgesetzt worden wie der Furka-Basistunnel. Oberingenieur Coudray wurde 1976 entlassen. Ingenieur Hünerwadel aus Sitten übernahm die neue Oberbauleitung. Eine parlamentarische Untersuchungskommission ging hart mit den Furka-Verantwortlichen ins Gericht. Zur Anklage einzelner Personen wegen Fehldispositionen lag rechtlich kein Grund vor. In dieser schwierigen Zeit wurde der erfahrene Tunnelbauspezialist Ingenieur Rudolf Amberg aus Sargans als Beauftragter des Verwaltungsrates der Furka-Oberalp-Bahn zugezogen.

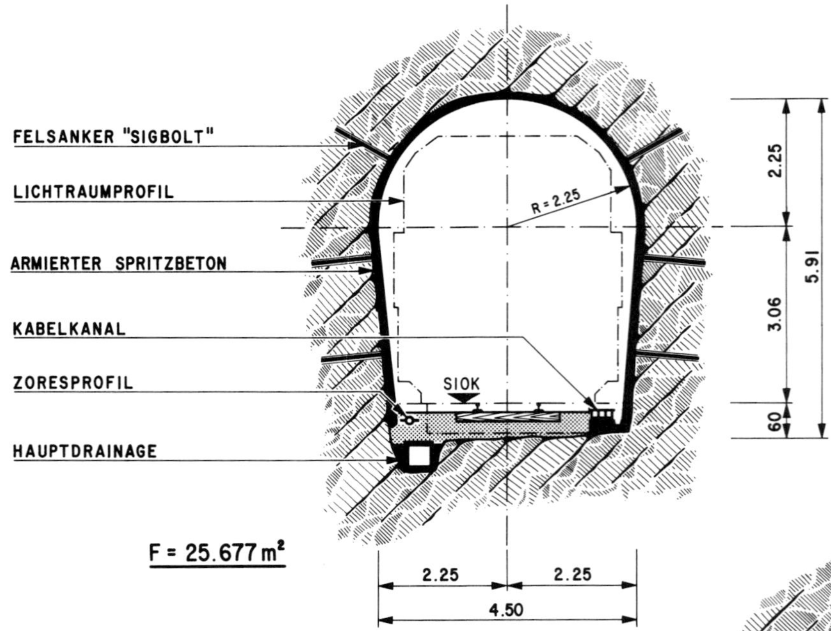

Hufeisenprofil

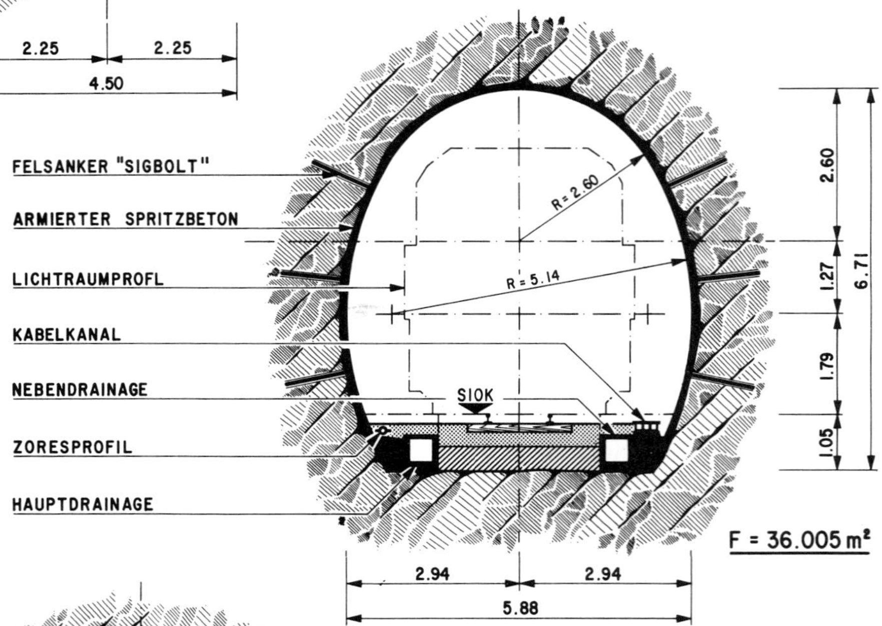

Elliptisches Profil

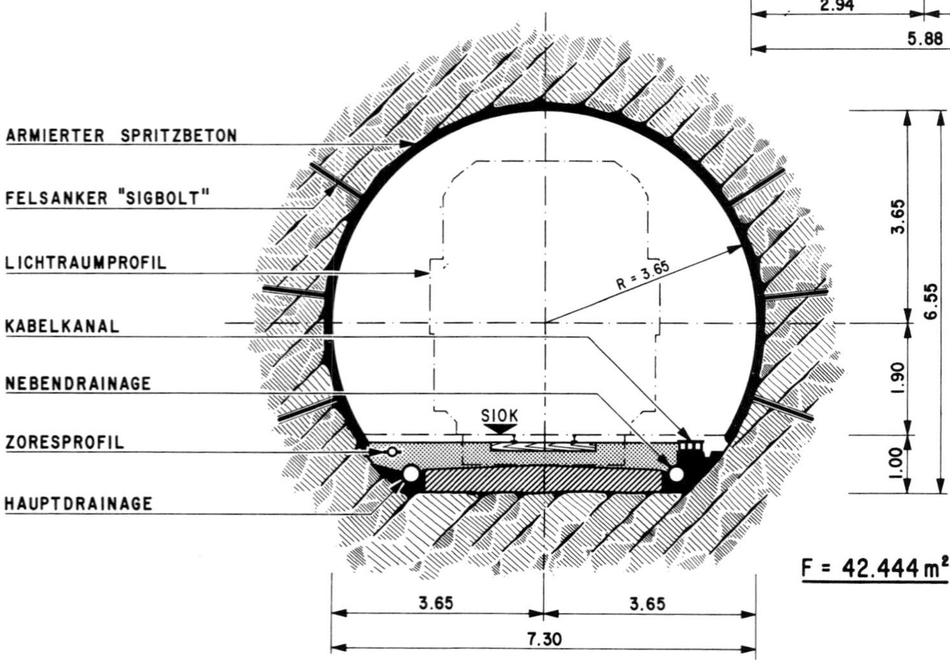

Kreisprofil

Beim Bau des Furka-Basistunnels sind modernste Bohrgeräte eingesetzt worden. Das Bild zeigt einen Bohrwagen «Atlas Copco» mit fünf vollhydraulischen Gesteinsbohrhämmern.

Am 7. Oktober 1980 war beim Baulos Oberwald die Zehn-Kilometer-Marke erreicht worden. Gleichzeitig waren die Vortriebsarbeiten auf der Seite Realp bei Kilometer 4,86 angelangt. Es verblieben noch 521 Meter. Doch der Berg wehrte sich bis zuletzt. Mineure und Ingenieure kämpften sich mühsam im Firststollen voran. Endlich, am 30. April 1981, nach achtjähriger Bauzeit, konnte der Durchschlag des Tunnels gefeiert werden. Er erfolgte 1000 m unter dem Furkamassiv, 5000 m vom Tunneleingang von Realp und etwa 10 400 m von jenem von Oberwald entfernt. 400 Gäste, unter ihnen Bundesrat Leon Schlumpf und Behördenvertreter der Kantone Wallis, Uri, Graubünden und Tessin waren zu den Festlichkeiten nach Realp und Oberwald gekommen. Die Feier galt den Mineuren aus Italien, Spanien, Portugal und der Schweiz. In einer Totenehrung gedachte man der fünf Italiener, die ihr Leben hatten lassen müssen. Bundesrat Leon Schlumpf unterstrich in seiner Ansprache die Bedeutung des Furkatunnels. Er würdigte die Verdienste der Initianten. Der wirtschaftliche Nutzen dieser Investition für die Bergtäler Obergoms und Urseren ist unbestritten. Der Verwaltungsratspräsident der Furka-Oberalp-Bahn, Dr. Wolfgang Loretan, sagte in seiner Ansprache anlässlich der Durchschlagsfeier: «Hier hat die wagemutige Idee über materielles Denken gesiegt, und dies ist gut so.»

Seite 138:
Die Tunnelprofile: Hufeisen-, elliptisches und Kreisprofil. Die schwierigen Gesteinsformationen und vor allem die hohe Bergüberlagerung machten die Anwendung von der billigsten bis zur teuersten Profilform notwendig.

Die Durchschlagsfeier am 30. April 1981 im Tunnelinneren, auf der Seite von Realp. Am Tunnelgewölbe hängen die Flaggen, in der Mitte die Schweizer Fahne, links und rechts davon die Bündner, die Urner, die Walliser und die Tessiner Fahnen. 400 Gäste, unter ihnen Bundesrat Leon Schlumpf und Behördenvertreter der Kantone Wallis, Uri, Graubünden und Tessin, waren zu den Festlichkeiten nach Realp und Oberwald gekommen.

In Oberwald beträgt die Länge der Zufahrt zum Furka-Basistunnel 1,7 Kilometer. Das Dorf wird in einem zusätzlichen Tunnel von 670 m Länge umfahren. Auf der Seite von Realp ist die Tunnelzufahrt 580 m lang. An beiden Stationen sind leistungsfähige Autoverladerampen vorgesehen, die einen rationellen Autotransport durch den Furka-Basistunnel gewährleisten.
Die beiden Adhäsions-Lokomotiven Ge 4/4 III Nr. 81 und 82 der Furka-Oberalp-Bahn führen die Autozüge im Halbstundenrhythmus in beiden Richtungen durch den Tunnel. Die Stundenleistung dieser Lokomotiven

Am 30. April 1981 um 12.56 Uhr erfolgte mit einem heftigen Knall die Sprengung zum Durchschlag des Tunnels. Ingenieure, Mineure, Vertreter der Kantone und des Bundes sind 1000 Meter unter dem Furkamassiv in einen dichten Nebel von Sprenggasen gehüllt. Die Sprengung fand 5000 Meter vom Tunneleingang von Realp und etwa 10 400 Meter von jenem von Oberwald entfernt statt.

Seiten 142/143: Längenprofil und geologisches Profil des Furka-Basistunnels. Die ganze Tunnelstrecke liegt im Gotthardmassiv, das aus kristallinen Gesteinen aufgebaut ist. Der Gebirgsbau (Tektonik) in der Tiefe, vor allem das felsmechanische Verhalten des Gebirges in der Randzone des Rotondogranits, war wenig bekannt und hielt viele Überraschungen bereit.

beträgt je 1700 kW. Die Maschinen sind in der Lage, 350 Tonnen mit der Geschwindigkeit von 80 Stundenkilometer durch den Tunnel zu ziehen.
Die Furka-Oberalp-Bahn hatte vor der Eröffnung des Furka-Basistunnels eine Geleiselänge von rund 100 km. Davon waren 35,5 km nach dem Abt'schen Zahnradsystem gelegt. Heute ist die Geleiselänge etwa gleich wie früher. Die Zahnradstrecke wurde jedoch um etwa 13,5 km verkürzt. Dies bedeutet einen erheblichen Vorteil. Die Tunnels und Galerien sind um fünf weniger geworden, obwohl die Länge aller Tunnels und Galerien zusammen um 13 500 m zugenommen hat. Sie beträgt heute 23 270 m im Gegensatz zu 9 780 vorher. Das macht mehr als ein Fünftel der Gesamtgeleiselänge aus.
Seit 1967 sind von der Furka-Oberalp-Bahn 20 Personenwagen und 9 vierteilige Pendelzüge neu in Betrieb genommen worden. Das Unternehmen, das 1980 1,5 Millionen Gäste beförderte, sieht einer hoffnungsvollen Zukunft entgegen, zumal das Oberwallis, das Urserental und das Tujetsch zu attraktiven Sommer- und Wintersportgebieten herangewachsen sind.
Die Inbetriebnahme des Zugverkehrs zu Beginn des Sommers 1982, wird nicht nur zwei Gebirgsregionen miteinander verbinden, sondern stellt im

Längenprofil

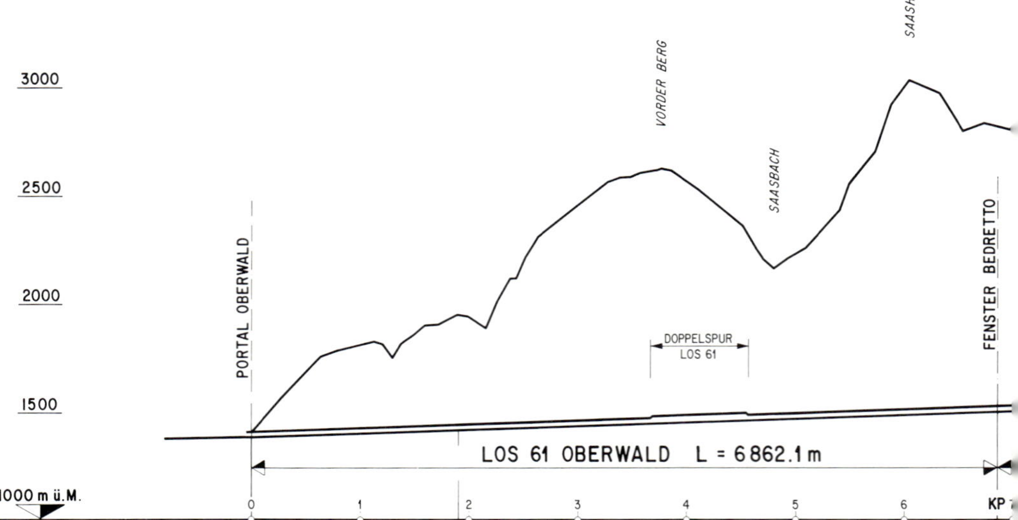

TUNNELMETER	000.0	1907.4	3697.0	4585.7	6106.2	6862.1
PROJEKTHÖHEN SIOK	1390.00	1423.82			1493.27	1505.77
LÄNGSNEIGUNGEN	STEIGT 17.496 ‰ AUF 1907.4 m	STEIGT 16.540 ‰ AUF 8498.0 m				
RICHTUNGEN (ZENTRUM RECHTS / GERADE / ZENTRUM LINKS)					R = 1000 m	
PROFILTYPEN	HUFEISENPROFIL 8 532.6 m					

Geologisches Längenprofil

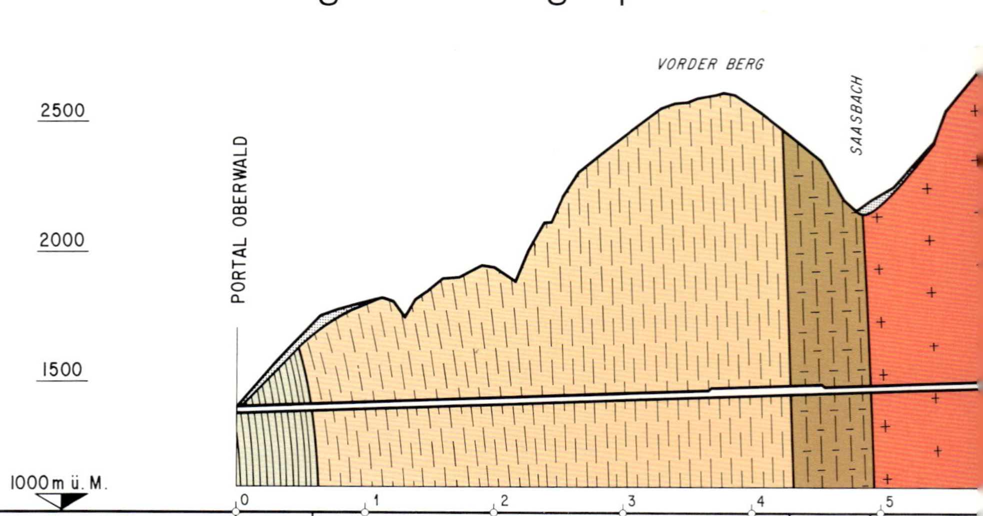

GESTEINSSERIE	PERMOKARBON MIT GOMSER-ZWISCHENMASSIV	NÖRDLICHE PARAGESTEINZONE DES GOTTHARD-MASSIV	STREIFENGNEISE UND TALLIGRATGNEISE
GESTEINSTYP	CHLORIT-SERIZITPHYLLITE UND BIOTIT-PLAGIOKLASGNEISE	BIOTIT-PLAGIOKLASGNEIS BIS ZWEIGLIMMERGNEIS	GLIMMER-ALKALIFELD-SPATGNEISE

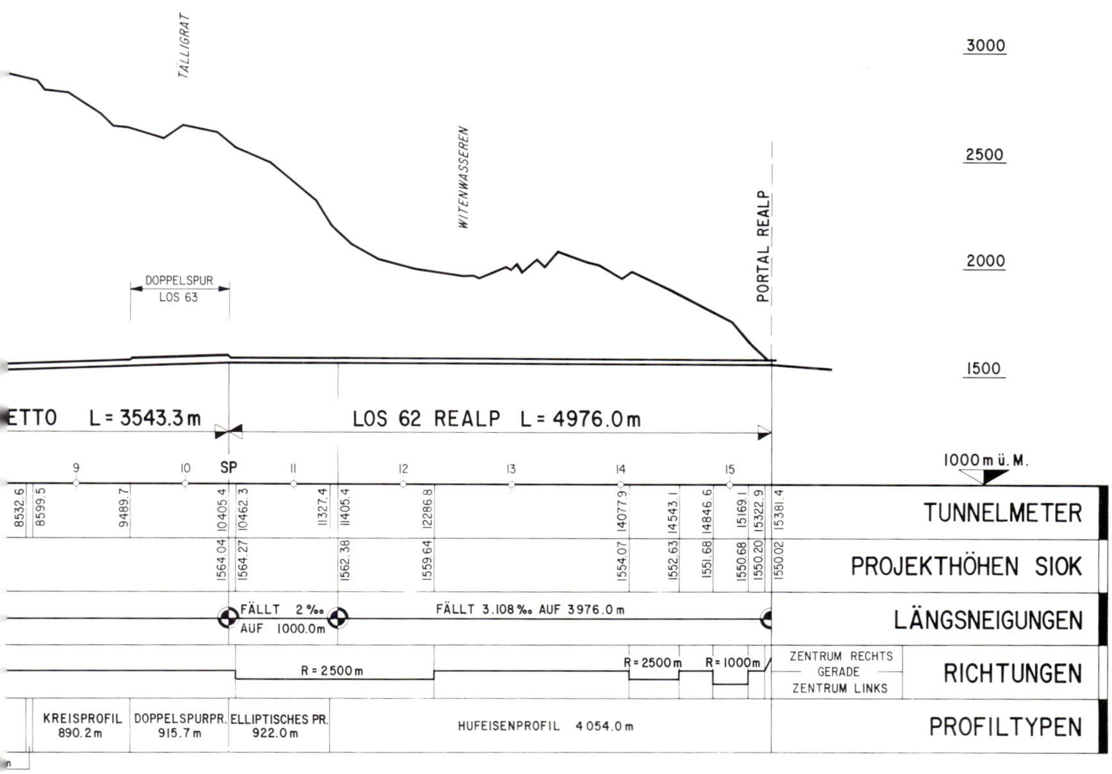
TÄLLIGRAT
WITENWASSEREN
PORTAL REALP
3000
2500
2000
1500
DOPPELSPUR
LOS 63
ETTO L = 3543.3 m
LOS 62 REALP L = 4976.0 m
1000 m ü. M.
9
10
SP
11
12
13
14
15
8532.6
8599.5
9489.7
10405.4
10462.3
11327.4
11405.4
12286.8
14077.9
14543.1
14846.6
15169.1
15322.9
15381.4
TUNNELMETER
1564.04
1564.27
1562.38
1559.64
1554.07
1552.63
1551.68
1550.68
1550.20
1550.02
PROJEKTHÖHEN SIOK
FÄLLT 2 ‰
AUF 1000.0 m
FÄLLT 3.108 ‰ AUF 3976.0 m
LÄNGSNEIGUNGEN
R = 2500 m
R = 2500 m
R = 1000 m
ZENTRUM RECHTS
GERADE
ZENTRUM LINKS
RICHTUNGEN
KREISPROFIL
890.2 m
DOPPELSPURPR.
915.7 m
ELLIPTISCHES PR.
922.0 m
HUFEISENPROFIL 4 054.0 m
PROFILTYPEN

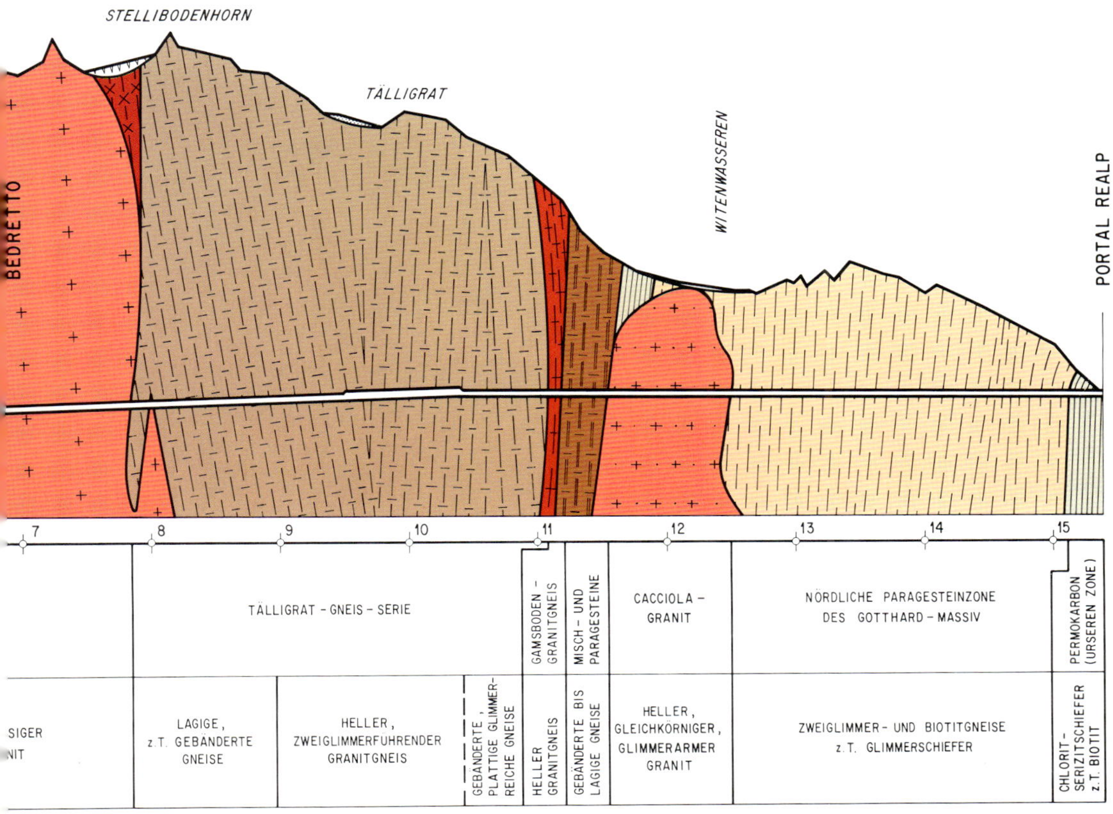
STELLIBODENHORN
TÄLLIGRAT
WITENWASSEREN
BEDRETTO
PORTAL REALP
7
8
9
10
11
12
13
14
15
TÄLLIGRAT - GNEIS - SERIE
GAMSBODEN - GRANITGNEIS
MISCH - UND PARAGESTEINE
CACCIOLA - GRANIT
NÖRDLICHE PARAGESTEINZONE DES GOTTHARD - MASSIV
PERMOKARBON (URSEREN ZONE)
SIGER
NIT
LAGIGE, z.T. GEBÄNDERTE GNEISE
HELLER, ZWEIGLIMMERFÜHRENDER GRANITGNEIS
GEBÄNDERTE, PLATTIGE GLIMMERREICHE GNEISE
HELLER GRANITGNEIS
GEBÄNDERTE BIS LAGIGE GNEISE
HELLER, GLEICHKÖRNIGER, GLIMMERARMER GRANIT
ZWEIGLIMMER- UND BIOTITGNEISE z.T. GLIMMERSCHIEFER
CHLORIT-SERIZITSCHIEFER z.T. BIOTIT

Zufahrt Realp

SITUATION 1:10'000

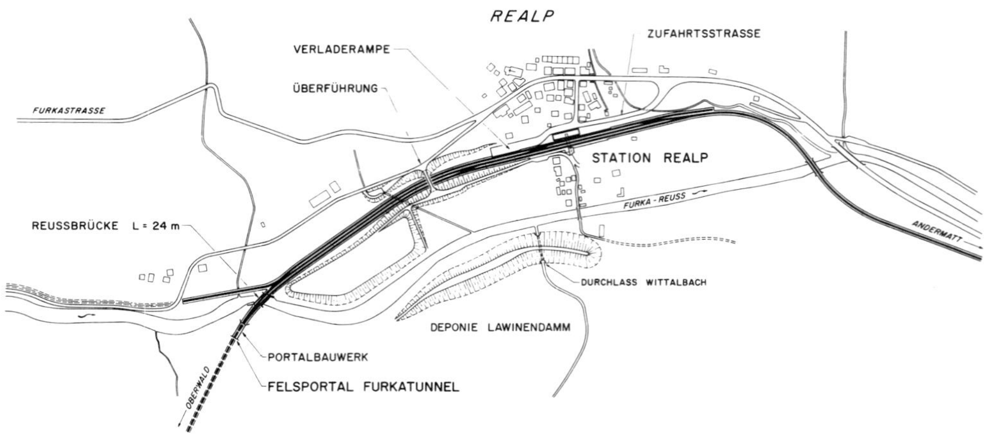

Zufahrt Oberwald

SITUATION 1:10'000

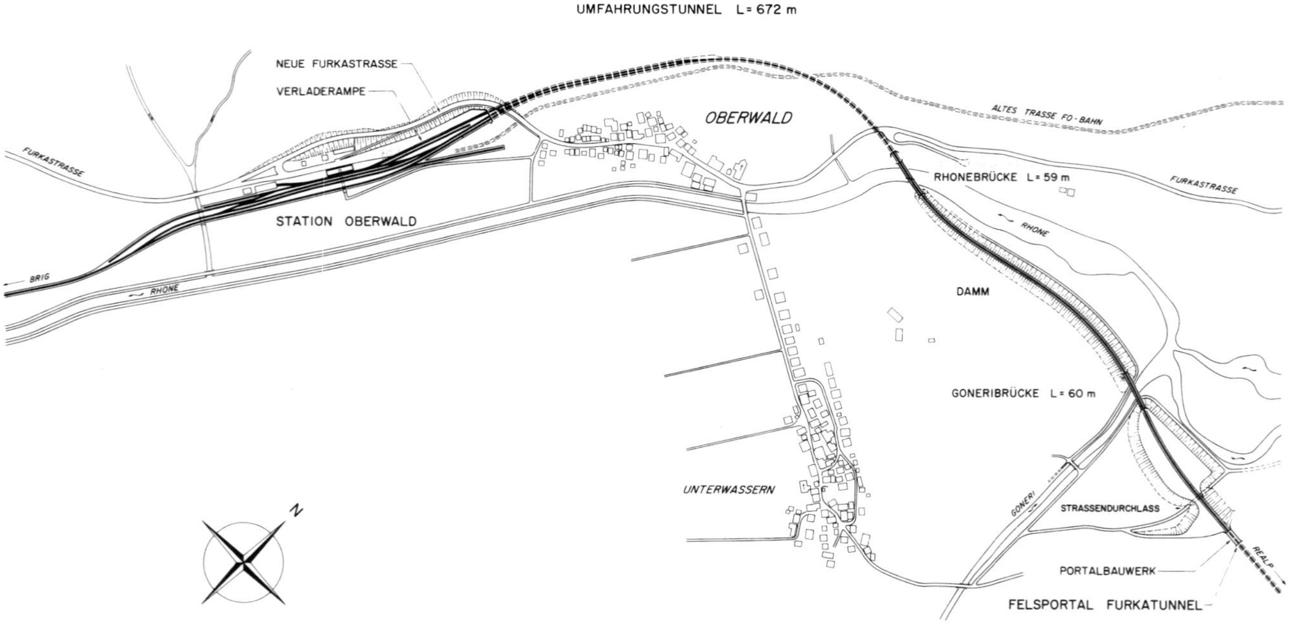

Vorne, an der sogenannten «Tunnelbrust». Nach der Schutterung erfolgte die Spritzbeton-Arbeit. Auf diese Weise wurde das rohe, steinfallgefährdete Tunnelprofil mit einer Betonschicht verkleidet.

schweizerischen Alpenraum die einzige Westostverbindung dar, die das ganze Jahr über offen ist.

Die Übernahme der Schöllenenbahn

In der wilden Schlucht der Schöllenen sind die Strassen- und Bahnbauwerke ganz besonders eindrucksvoll. Die Pferdepost verkehrte einst zwei- bis dreimal täglich zwischen Göschenen und Andermatt. Die Reise in der Kutsche dauerte eine Stunde. Die Fahrzeit mit der am 12. Juli 1917 in Betrieb genommenen elektrischen Schöllenenbahn betrug zu jener Zeit 25 Minuten. In den Jahren 1940 und 1941 wurden die elektrischen Anlagen modernisiert, wodurch die Fahrzeit auf 15 Minuten herabgesetzt werden konnte. Heute befahren die modernen, weiss-roten Pendelzüge der Furka-Oberalp-Bahn die kühn gebaute Strecke in nur 11 Minuten.
Das Projekt der Schöllenenbahn, das 1904 konzessioniert worden war, stammte von Ingenieur Richard Zschokke. Die Finanzierung der Baukosten und der Fahrzeuge in Höhe von 3 Millionen Franken konnte nach anfänglichen Schwierigkeiten durch ein Bankenkonsortium unter Leitung der Schweizerischen Bankgesellschaft sichergestellt werden.

Einfahrt in den im Bau befindlichen Basistunnel, auf der Seite von Realp. Ganz rechts im Bild, neben dem Stollenzug, Ingenieur Rudolf Amberg, Tunnelbauspezialist aus Sargans. Mitte Oktober 1981 waren auf der Seite von Oberwald bereits 4600 m Geleise montiert. In Realp wurde zu jener Zeit erst mit dem Geleisebau begonnen. Die Tagesleistung bei der Verlegung der Geleise betrug 300 Meter.

Im Mai 1913 wurden die Arbeiten in den Felsentunnels in Angriff genommen. Die 3,7 km lange Strecke weist teilweise eine Neigung von 179 Promille auf. Nur 1,17 km davon sind ohne Zahnrad befahrbar. Dank militärischer Hilfe konnten die Bauarbeiten Ende Juni 1917 abgeschlossen werden. Im Jahr 1918 wurden bereits 28 600 Personen befördert. Ab 1924/25, nachdem Lawinenschutzgalerien gebaut worden waren, konnte der Betrieb auch während des Winters aufrechterhalten werden. Durch den Ganzjahresbetrieb erhöhte sich die Zahl der Passagiere im Jahr 1925 auf 75 000. 1961 fusionierte die Furka-Oberalp-Bahn mit der Schöllenenbahn. Ein Jahr vor dem Zusammenschluss hatte die Schöllenenbahn nicht weniger als 214 500 Personen befördert.

3. Die Rhätische Bahn

Graubünden wird das «Land der 150 Täler» genannt. Es ist der grösste Kanton der Schweiz, ein Gebirgsland voller Vielgestaltigkeit. Sein Flächeninhalt beträgt 7109 Quadratkilometer, 4965 davon sind Nutzland, der Rest besteht aus Felsen, Gletschern, Steinwüsten, Flüssen und Seen. Die Rhätische Bahn, die Hauptbahn Graubündens, verbindet die wichtigsten Täler des Kantons miteinander, so das Prättigau nach Klosters, Davos und Filisur, das Domleschg und Albulatal mit dem 5,6 km langen Albulatunnel nach dem Oberengadin und das Vorderrheintal mit Anschluss an die Furka-Oberalp-Bahn. Das Inntal wird von der Linie St. Moritz–Scuol bedient. Ins Veltlin fährt die Berninabahn von Samedan und St. Moritz aus nach Poschiavo und Tirano. Schliesslich muss noch die Arosabahn erwähnt werden, die von Chur aus durchs Schanfigg nach Arosa fährt.

Die Rhätische Bahn ist eine ausgesprochene Gebirgsbahn und dementsprechend reich an verkehrstechnisch kühn angelegten Bauten. Das 375 km lange Schienennetz zählt 500 Brücken von gesamthaft 12 000 m Länge. Auf je 750 m Schiene kommt somit eine Brücke. In der Kunst des Steinbrückenbaus wurde nahezu vollendete Harmonie mit der Natur erreicht. 40 km der Bahnlinie verlaufen in 120 Tunnels. Die Rhätische Bahn befördert etwa 7,5 Millionen Passagiere und 750 000 Tonnen Güter pro Jahr. Sie beschäftigt 1400 Personen. Der Fahrzeugpark besteht aus 100 Lokomotiven und Triebwagen, 270 Personenwagen mit über 14 000 Sitzplätzen, 17 Postwagen, 53 Gepäckwagen, 5 Speisewagen, 1000 Güterwagen verschiedener Art und modernsten Schneeräumungsfahrzeugen. Die stärksten Lokomotiven entwickeln eine Dauerleistung von je 1700 kW.

Die Rhätische Bahn, zusammen mit der Furka-Oberalp-Bahn und der Brig-Visp-Zermatt-Bahn, bildet das grösste Schmalspurnetz Europas von gesamthaft 500 km Streckenlänge. Diese drei Alpenbahnen haben wegen des Tourismus internationale Bedeutung.

Der Bau der Rhätischen Bahn

Schon bevor 1844 die erste Eisenbahn in Basel Schweizer Boden berührt hatte, befasste sich Richard La Nicca mit dem Projekt einer Nord-Süd-Schienenverbindung. Der Bündner Oberingenieur La Nicca lebte von 1794 bis 1883. Bereits im Jahre 1838 hatte er erste Pläne für eine Eisenbahn durch die Bündner Alpen ausgearbeitet. Betrachtet man jedoch die bündnerischen Bestrebungen für die Lukmanier-, Greina-, Tödi- und Splügen-Projekte, so stellt man fest, dass die Verwirklichung meistens am Problem der Finanzierung gescheitert ist. Als der Gotthard als Konkurrent auftrat, fiel die Entscheidung zu dessen Gunsten. Das Projekt einer Splügenbahn jedoch ist bis heute nicht begraben. Im Gegenteil, es ist wieder zu neuem Leben erweckt worden.
Graubünden sah sich genötigt, seine Täler durch ein eigenes Bahnnetz zu erschliessen. Zwischen 1888 und 1914 breitete sich das Netz der Rhätischen Bahn über den ganzen Kanton aus. Es erschloss den Reisenden ein Panorama von grosser landschaftlicher Schönheit.
Ingenieure waren tagelang mit Theodoliten und Nivellierlatten unterwegs. Sie durchstreiften die Täler Graubündens, um die Trasseeführung festzulegen. Als endlich die Strecke fixiert und die Finanzierung gesichert waren, kamen die Arbeiter zu Tausenden aus dem südlichsten Italien, aus den Bergen der Abruzzen und aus der Toskana. Kilometer um Kilometer bauten sie die «eiserne Strasse», Stein auf Stein wuchsen gewaltige Pfeiler aus den Bergtälern, und in schwindelnder Höhe entstanden Brücken. Berge mussten durchbohrt werden, und für all das konnten kaum Maschinen eingesetzt werden. Fast alles geschah mit Muskelkraft.
Der Sohn eines bekannten Brückenbauers, der beim Bau der Rhätischen Bahn mitgearbeitet hatte, schrieb in einem Brief: «... Mit was für einfachen Mitteln – aus unserer heutigen Sicht – wurden die imposanten Bauwerke erstellt, als noch vielfach von Hand gebohrt wurde, als Dynamit bei Untertemperaturen noch von selbst in die Luft gehen konnte und als der Bauleiter noch bei Unfällen dem einzigen Arzt weit und breit bei Amputationen an der Unfallstelle assistieren musste! Aber es war auch eine hohe Zeit des Ingenieurs, dem mit dem Vertrauen auch ein hohes Mass an Selbständigkeit geschenkt wurde, die sein Verantwortungsgefühl entsprechend forderte ...»

Die Strecken Landquart–Davos–Filisur

Die ersten Züge fuhren 1889 von Landquart aus nach Klosters. Ein Jahr später wurde die Strecke auf Initiative des in Davos wohnhaften Holländers Jan Willem Holsboer nach Davos verlängert.
Dr. Hauri schrieb 1928 in «Wie Davos ein Kurort wurde»: « . . . Mit dem Jahr 1890 begann für Davos eine Zeit aussergewöhnlichen Wachstums, durch den Bau der Landquartbahn und die Entstehung der Sanatorien.

Eine Mallet-Dampflokomotive G 2/3 + 2/2 Nr. 28, Baujahr 1903, in der Hauptwerkstätte in Landquart. Dieser Maschinentyp war in der Lage, auf der 45-Promille-Steigung zwischen Landquart und Davos 70 Tonnen Anhängegewicht mit der Geschwindigkeit von 15 Stundenkilometern zu ziehen.

Die alte Landquartbrücke bei Klosters. Seit 1930 wird sie von Fussgängern benutzt, nachdem die Bahnlinie auf eine neue, 75 m lange Beton-Bogenbrücke in 200 m Abstand verlegt worden war.

Die siebenstündige Postfahrt von der Bahnstation Landquart nach Davos war für die Kranken ungemein beschwerlich. Als deshalb 1886 der Leiter des Kurhauses, W.J. Holsboer, den Bau einer schmalspurigen Eisenbahn vorschlug, fand der Plan bei den Davosern grosse Begeisterung, und es gelang, auch die Gemeinden des Prättigaus dafür zu gewinnen . . .»

Am 9. Oktober 1889 wurde die Bahnlinie auf einer Länge von 33 km, bis Klosters, in Betrieb genommen. Ein knappes Jahr später, am 21. Juli 1890, fuhr der Eröffnungszug in engen Schleifen, mit Steigungen bis 45 Promille über den 1625 m hohen Wolfgangpass, dem linken Ufer des Davosersees entlang, die 17 km von Klosters bis Davos-Platz.

Am Eröffnungstag trafen sich die italienischen Eisenbahnarbeiter auf dem reichgeschmückten Festplatz, wo sie mit Wein, Wurst und Brot bewirtet wurden. Im Wintergarten des Kurhauses waren 450 Gäste zum Bankett und zahlreichen Festreden geladen.

Auf einzelnen Stationen des Prättigaus hatten sich die Frachtgüter wegen der bevorstehenden Eröffnung der Eisenbahnlinie in einem solchen Umfang angestaut, dass die Bewältigung des Verkehrs anfangs grosse Schwierigkeiten bereitete.

Zwischen 1919 und 1921 wurde die Bahnstrecke Landquart–Davos elektrifiziert und seither laufend modernisiert. Neue Tunnels und Brücken

Die erste elektrische Lokomotive Ge 2/4 Nr. 201 der Rhätischen Bahn in Pontresina. Sie wurde am 27. Dezember 1912 in Betrieb genommen. Die 206 kW starke Maschine erreichte eine Spitzengeschwindigkeit von 45 Stundenkilometern.

wurden gebaut, und am Trassee sind Verbesserungen ausgeführt worden.

Während mehr als 20 Jahren blieb Davos die Endstation der Rhätischen Bahn. Erst zwischen 1906 und 1909 entstand die Verbindung nach Wiesen und weiter bis Filisur.

In der Zügenschlucht hatte die Natur eine Reihe von Hindernissen geschaffen, die auch die kühnsten Eisenbahnbauer auf eine harte Probe stellten. Auf der 19 km langen Strecke waren nicht weniger als 14 Tunnels von zusammen 4200 m Länge zu bauen. Zudem mussten 28

Viadukte über Flüsse und andere Wasserläufe errichtet werden. Bei Wiesen fährt der Zug über eine gewaltige Steinbogenbrücke, die in 88 m Höhe über die Landwasserflut führt, mit einer 55 m weiten Öffnung über dem Abgrund. Mit sechs weiteren Öffnungen von je 20 m Weite erreicht der Viadukt eine Länge von 210 Metern. Er bietet einen überwältigenden Anblick.

Ein Zug der Rhätischen Bahn im Jahre 1912 mit einer Mallet-Dampflokomotive, unmittelbar oberhalb des «Cavadürli»-Kehrtunnels bei Klosters.

Landquart–Chur–Thusis

Jan Willem Holsboer, Leiter des Davoser Kurhauses, war mit Leib und Seele dem Eisenbahnbau zugetan und ein unverwüstlicher Optimist. Noch bevor der Bau der Strecke Landquart–Davos beendet war, hatte er schon eine Konzession für die Fortsetzung der Landquart-Davos-Bahn eingereicht. Es handelte sich dabei um eine richtige Alpenbahn, über den Scalettapass nach dem Engadin und weiter bis Chiavenna. Die

Das Bild des Dampfzuges bei Davos-Laret, erinnert an die einsamen Eisenbahnstationen des «Wilden Westens». Die an der Spitze des Zuges befindliche Tenderlokomotive G 3/4, Typ Mogul, mit grossem Schneepflug, stammte aus der Anfangszeit der «Landquart-Davos-Bahn» im Jahre 1889, der nachmaligen Rhätischen Bahn.

Rhätische Bahn bei Laret

Wiesen. Hier fährt der Zug über eine gewaltige Steinbogenbrücke, die in 88 m Höhe über die Landwasserflut führt. Der Hauptbogen weist eine Spannweite von 55 m auf. Die Gesamtlänge des Bauwerks beträgt 210 m.

Verfechter einer zentralen Linienführung via Chur und Thusis nach dem Engadin traten dem Holsboerschen Projekt vehement entgegen. Die kantonale Volksabstimmung vom 26. November 1889 entschied sich eindeutig für die sogenannte «Centralbahn», das heisst für die Linie über Chur und Thusis, mit Fortsetzung nach dem Engadin durch den Albula. Schon 1890 und 1891 wurden die Baukonzessionen für die Schmalspurbahnen von Chur nach Thusis und von Landquart nach Chur erteilt.
Am 29. August 1896 konnte die 42 km lange Strecke dem Betrieb übergeben werden. Die Baukosten von 6,2 Millionen Franken wurden von der Eisenbahnbank in Basel finanziert. Die neue Bahnlinie wurde dem Unternehmen «Schmalspurbahn Landquart–Davos» einverleibt. Im gleichen Jahr wurde aus der Aktiengesellschaft «Schmalspurbahn Landquart–Davos» die «Rhätische Bahn». Seit August 1921 ist die Strecke elektrifiziert.
Das 1897 in Kraft getretene Eisenbahngesetz regelt die Erstellung von Schmalspurbahnen in Graubünden, womit der neugegründeten Rhätischen Bahn neue Ziele gesetzt wurden.

Die Albulabahn

Ins Engadin fahren ist heute dank des Glacier-Expresses reines Vergnügen und bereitet keine Mühe. Aber wie schwierig war es einst für die Bauleute, die Bahn zu erstellen! Das Trassee führt an Abgründen entlang und über Täler hinweg, die nur mit Brücken von wagemutigster Konstruktion überwunden werden konnten. Der Zug fährt in den Berg hinein und verlässt ihn um vieles höher, auf der gleichen Seite. Mittels Kehren im Berginnern gewinnt er Meter um Meter Höhe.
Im Oktober 1898 wurde mit dem Bau begonnen. 5300 Mann arbeiteten zwischen Thusis und St. Moritz unter der Oberbauleitung des deutschen Ingenieurs Fritz Hennings. Mehr als 55 grössere Viadukte von gesamthaft 2700 m Länge mussten gebaut werden. Dazu kamen 39 Tunnels, viele Mauern, Galerien und Rampen. Die Streckenlänge beträgt 63 Kilometer.
Das Trassee der Bahnstrecke durch die Schinschlucht, das kilometerweit durch unwirtliche Wildnis führt, stellte selbst die mutigsten Männer auf eine harte Probe. Etwa auf halbem Weg zwischen Thusis und Tiefencastel befinden sich der Tunnel und der Viadukt von «Passmal». Passmal heisst «schlechte Passage». Der Name trifft genau die damaligen Verhältnisse und weckt keine guten Erinnerungen. Gleich nach Passmal folgt die Stelle «Calabria». Hier gab es heftige Krawalle unter den Bauarbeitern. Polizist Ravizza musste zur Waffe greifen, als er schlichten wollte und dabei selbst angegriffen wurde. Ein Arbeiter wurde niedergeschossen.
In Solis musste das tief unten liegende Bett des Albulaflusses überquert werden. Der aus Stein gebaute Bahnviadukt stammt aus den Jahren 1901 und 1902. Den Hauptbogen, mit einer Spannweite von 42 m, berechnete Ingenieur Hans Studer. Die Gesamtlänge des Viaduktes beträgt 164 m. Das Lehrgerüst, von Richard Coray errichtet, war ein gewaltiges Bauwerk aus Holzbalken und erhob sich 90 m über die Albula. Die Stämme wurden in nächster Nähe zu Pfählen, Balken und Pfeilern geschnitten und mit Pferden zur Baustelle geschleppt.

Technisch besonders ehrgeizig und schön ist das Bauwerk des Landwasserviaduktes zwischen Alvaneu und Filisur. Über fünf steinernen Bögen beschreibt der auf hohen Pfeilern ruhende Viadukt eine Kurve und scheint sprichwörtlich an der senkrechten Felswand zu kleben. Die Baufirma Müller & Zeerleder wandte dort eine für die damalige Zeit ausserordentlich fortschrittliche Baumethode an.

In Thusis überquert die Rhätische Bahn auf einer 230 m langen Eisenbrücke den Hinterrhein. An der linken Hangflanke der Albula biegt sie dann in die wildromantische Schinschlucht ein.

Im Bereich Filisur, Bergün und Preda hat die Geländebeschaffenheit eine der grandiosesten und kompliziertesten Eisenbahn-Trasseeführungen in den Alpen nötig gemacht. Schraubtunnel über Schraubtunnel, Viadukt hinter Viadukt, so haben die Ingenieure für die Bahn eine Linie gefunden, die in Fachkreisen des In- und Auslandes beachtet und bewundert wird.

Kernstück zwischen Thusis und St. Moritz ist der 5866 m lange Albulatunnel. Mit dem Vortreiben des Stollens wurde in Preda am 15. Oktober 1898 und in Spinas am 1. November begonnen. Von der italienischen Firma Ronchi & Carlotti kam das günstigste Angebot, und sie erhielt den Auftrag. Mit Wasserdruck-Stossbohrmaschinen rückten 1300 Arbeiter von Norden und von Süden her dem fast 6 km tiefen Albulagestein zu Leibe. Man hatte sich für die Brandt'sche Maschine entschieden, weil diese eine grössere Leistung gewährleistete als die in der letzten Bauphase am Gotthard bereits verwendete Druckluft-Gesteinsbohrmaschine.

Oft kamen die Mineure nur wenige Zentimeter am Tag voran. Überschwemmungen, Unfälle und Felsrutsche im Tunnel verzögerten die Vortriebsarbeiten. Ende Juli 1900 wurde eine grosse Wasserader angeschnitten, so dass die ganze Stollensohle auf 500 m Länge mit feinstem

Die Ruine Campi am Eingang der Schinschlucht. Hier fahren die Züge der Rhätischen Bahn in einen 217 m langen Tunnel, dessen Einfahrt am Fusse eines im 12. Jahrhundert gegründeten, sechsgeschossigen Wohnturms liegt.

Sand überschwemmt wurde. Die Arbeit im Innern war unendlich schwer. Der Berg leistete immer von neuem Widerstand. Im Dezember 1900 kamen die Arbeiten im Tunnel zum Stillstand, weil das italienische Unternehmen den Schwierigkeiten dieses «schwimmenden» Gebirges nicht gewachsen war. Es trat vom Vertrag zurück.
Es waren noch 3600 m Stollen zu erstellen. Der Vortrieb wurde daraufhin von der Rhätischen Bahn selbst weitergeführt. Mit der Bauleitung wurde Oberingenieur Rudolf Weber betraut.
Am 29. Mai 1902, um halb vier Uhr morgens, fiel im Tunnel die letzte

Etwa auf halbem Weg zwischen Thusis und Tiefencastel befinden sich der 420 m lange Tunnel und der Viadukt von «Passmal». Passmal heisst «schlechte Passage». Der Name trifft genau auf die damaligen Verhältnisse beim Bau der Bahn zu und weckt keine guten Erinnerungen.

Trennwand. Ende 1903 war die Mauerung des Tunnels beendet. Das Unternehmen forderte die ungewöhnlich hohe Zahl von 16 Menschenleben.
Die Kosten des Albulatunnels betrugen 7,2 Millionen Franken. Das sind zwei Millionen Franken mehr, als das Unternehmen Ronchi & Carlotti in seinem Angebot verlangt hatte. Nach einer Bauzeit von fast 6 Jahren konnte die Strecke der Albulabahn, zwischen Thusis und St. Moritz, am 10. Juli 1904 in Betrieb genommen werden. Die Gesamtkosten, Baukosten und Rollmaterial zusammen, erreichten 26 Millionen Franken.

Der Bau der Mistailbrücke über das Val Mala im Oktober 1901. Heutzutage fährt hier der Glacier-Express nahe an der an einsamer Stelle stehenden Kirche von Mistail vorbei. Die karolingische Dreiapsidenkirche, mit dem altertümlichen, von einer spitzen Steinpyramide gedeckten Turm, ist ein Bauwerk von bedeutendem kulturhistorischem Wert.

Das waren 4,6 Millionen Franken mehr als vorgesehen. Im Oktober 1919 wurde die Albulastrecke auf elektrischen Betrieb umgestellt. Als einspurige Linie wird die anspruchsvolle Strecke heute von nicht weniger als 40 bis 50 Zügen täglich befahren.

Reichenau–Ilanz–Disentis/Mustér

Zur Eröffnung der Eisenbahnstrecke Reichenau–Ilanz am 1. Juni 1903 schrieb ein Reporter der Bündner Zeitung: «Von bekränzter Lokomotive gezogen fuhr ein stolzer Zug von lauter erst- und zweitklassigen neuen Wagen der Rhätischen Bahn mit dem Halbbataillon von Ehrengästen in die Schlucht hinein, welche der Rhein sich selber durchgebrochen durch den ungeheuren Schuttkegel des Flimser Bergsturzes . . .»
In dieser Schlucht baute man die Eisenbahn in den Jahren 1901 und 1902. Die Leute arbeiteten zwischen hohen Graten und den steil abfallenden Breccie-Felsen, denen die Erosion phantastische Formen verliehen hatte. Blickte der Arbeiter vom Bahndamm aus nach oben, musste er das Gefühl gehabt haben, die geringste Erschütterung könne das Gebirge über ihm zum Einsturz bringen.
An drei Stellen musste im Rhein ein neues Flussbett ausgehoben werden, da der Bahndamm ganz in das Wasser zu liegen kam. Längs der 20 km langen Bahnlinie waren zahlreiche Dämme und Rheinwuhrmauern sowie drei Tunnels zu erstellen.
Neun Jahre später, am 1. August 1912, wurde auch die 30 km lange Fortsetzung der Linie, die Strecke von Ilanz nach Disentis/Mustér, in Betrieb genommen.
Die Trassierung bereitete weniger Schwierigkeiten als üblich, da nur etwa ein Drittel dieses Abschnitts in Kurven und Schleifen verläuft. Die wilde Russeinschlucht unterhalb Disentis/Mustér jedoch hat die Bauleute zur Errichtung einer grossen Brücke gezwungen. Das imposante Werk aus Stein, mit vier Öffnungen von je 20 m Weite, weist, in einer leichten Kurve verlaufend, 60 m hoch über dem Wasserspiegel, eine Länge von 100 m auf. Die Firma Baumann & Stiefenhofer aus Altdorf zeichnete dafür verantwortlich.
Über die Eröffnung der Bahnlinie Ilanz–Disentis schrieb das «Berliner Tagblatt» unter anderem: «Auf den ersten Blick scheint die Linie nur lokale Bedeutung für die wohlhabenden Gemeinden des Tals und für die bis jetzt ganz abgeschlossenen Seitentäler zu besitzen. Voll zur Geltung kommt sie allerdings erst, wenn die geplante Weiterführung über den Oberalppass nach Andermatt und die weitere Strecke über die Furka ins Wallis realisiert sein wird . . .»

Zehn Jahre nach der Eröffnung der Bahnlinie Ilanz–Disentis, am 1. Juni 1922, fuhr der erste Zug mit elektrischer Lokomotive durchs Vorderrheintal, zwischen Reichenau und Disentis/Mustér. Mit dieser Etappe

Disentis, Festzug am Bahn-Eröffnungstag (30. Juli 1912)
„Die Kindergruppen"

Am 1. August 1912 wurde die 30 km lange Strecke der Rhätischen Bahn, von Ilanz nach Disentis/Mustér, in Betrieb genommen. Der Festzug anlässlich der Eröffnungsfeier fand am Mittwoch, dem 30. Juli statt.

war die Elektrifizierung des ganzen Stammnetzes der Rhätischen Bahn abgeschlossen.

Der Betrieb für die im «Berliner Tagblatt» erwähnte «Weiterführung» wurde 1926 durch die Furka-Oberalp-Bahn aufgenommen, und seit dem Sommer 1982 verkehrt der am 26. Juni 1930 eingeführte Glacier-Express ganzjährig zwischen Zermatt und St. Moritz.

Bever liegt am Südausgang des Albulatunnels und des Val Bever. Der Zug ist auf der Fahrt nach Scuol im Unterengadin. In der zwischen 1665 und 1667 erbauten Kirche mit einem schönen Zwiebelturm befindet sich ein interessantes Wandgemälde aus dem 14./15. Jahrhundert.

Der Eisenbahnbau im Ober- und Unterengadin

Samedan–Pontresina

Die Geländeaufnahmen wurden in der zweiten Hälfte des Jahres 1905 gemacht. Zwischen 1906 und 1908 wurde an der 6 km langen Bahnstrekke gearbeitet, deren Trassee auf einem aufgeschütteten Damm 2 km weit geradeaus durch die «Champagna» führt. Das besondere Ereignis jener Zeit war der Streik der Bauarbeiter.

Damals waren gleichzeitig Bauarbeiten an der Berninabahn, an der Standseilbahn Muottas Muragl und an zahlreichen Hotels im Gange. Diese Bautätigkeit zog Legionen von Arbeitern an. Es kam zu Konflikten zwischen Arbeitnehmern und Arbeitgebern und schliesslich, am 6. Mai 1907, in ganz Oberengadin zu einem aufsehenerregenden Streik. Etwa 1200 Arbeiter beteiligten sich daran. Die Bündner Regierung befürchtete eine Ausweitung der Unruhen und bot zwei Kompanien Soldaten des Bataillons 93 auf. Der Streik wurde nach 4 Tagen, am 10. Mai 1907, beigelegt. Der Forderung der Arbeiterschaft auf 10 Prozent mehr Lohn,

Der Inn-Viadukt bei Cinuos-chel. Das 113 m lange Bauwerk weist einen Hauptbogen von 48 m Spannweite auf. Im Bild wird der Zug nach Scuol von einer der ersten Einphasen-Wechselstrom-Lokomotiven der Rhätischen Bahn, der Serie 201–207, gezogen.

Diese Lokomotive Nr. 391 wurde am 16. Juli 1913 in Betrieb genommen. Sie befuhr bis 1976 hauptsächlich die Strecken des Engadins, und leistete in all den Jahren 2 446 000 Kilometer. Im Oktober 1980 gelangte die aus den Anfängen der Elektrifikation stammende Lokomotive ins Rhein-Neckar-Eisenbahnmuseum der Deutschen Gesellschaft für Eisenbahngeschichte in Viernheim.

14tägige Lohnzahlungen und den Zehnstunden- anstelle des Elfstundentags musste nachgegeben werden.

Bever–Scuol

Der 28. Juni 1913 war für das Unterengadin ein Freudentag: Die Eröffnungsfeier der 50 km langen Eisenbahnlinie von Bever nach Scuol. Der offzielle Bahnbetrieb wurde am 1. Juli 1913 aufgenommen. Der «Schnell-

zug» fuhr von diesem Tag an von Chur nach Scuol in viereinhalb bis fünf Stunden. Heute braucht er für die gleiche Strecke drei Stunden.
Die Gesamtlänge der 17 Tunnels beträgt 8010 Meter, und die 74 Brücken sind gesamthaft nochmals 2200 m lang.
Auch in diesem Gebiet hatte die Natur eine Reihe von Hindernissen errichtet. Allein für den Transport des Materials zwischen Strasse und Bahntrassee mussten Hängebrücken und Seilbahnen gebaut werden.
Der Bau der Tunnels verursachte ungeheure Schwierigkeiten. Die Gründe waren der nasse, vollständig zermalmte und verwitterte Bündnerschiefer, die Granittrümmer, der Serpentin, das lehmartige Material, das Wasser und der unermessliche Bergdruck.
Als Brückenbauten sind die 113 m lange Innbrücke bei Cinuos-chel, mit einem Hauptbogen von 48 m Spannweite, sowie die Brücke über das tiefe Val Tuoi besonders hervorzuheben.
Eine Pionierleistung beim Bau der Linie Bever–Scuol war die Elektrifizierung. Im März 1910 beschloss die Bahnverwaltung, diese Linie als Versuchsstrecke zu elektrifizieren. Zwischen 1911 und 1913 führte die Berliner Firma Siemens & Schuckert die entsprechenden Arbeiten aus.
Ein Zeitgenosse schrieb darüber unter anderem: «Wir hörten auf der Heimreise in's Engadin von Mitfahrenden Bedenken aussprechen, dass das unerlässliche Zubehör des Elektrischen Betriebes, die Drähte, Stangen und Masten nicht gerade zur Verschönerung des Landschaftsbildes beitragen möchten. Auf den Stationen ist man in der Tat überrascht von den vielen Stangen und Drähten, die sich hoch über den Geleisen befinden; aber alles ist ohne grossen Aufwand von Eisen, leicht und gefällig durchgeführt, sodass sich das Auge bald daran gewöhnen wird. Noch besser ist es damit auf der Linie selbst bestellt. Die in kurzen Abständen sich folgenden Masten belästigen das Auge gar nicht. Sie haben eine einfache, schlanke, an die Stämme wohl proportionierter Gebirgstannen erinnernde Form, von viel ruhigerem Aussehen, als man sie da und dort sieht, wo eine Menge gekreuzter Eisenstäbchen das Auge stören und beunruhigen.
Auf alle Fälle steht fest, möge man das Aussehen des genannten Zubehörs zum elektrischen Betriebe beurteilen wie man will, dass dessen Schattenseiten weit aufgewogen werden durch die eine Lichtseite der vollständigen Rauchlosigkeit.
Der erste grosse Schritt ist getan, das Rhätische Bahnnetz von der Herrschaft der ausländischen Kohle zu befreien und dafür die von unsern heimischen Bergen gespendete Wasserkraft in den Dienst zu nehmen!»

Mit der Eröffnung der Strecke Bever–Scuol war der Ausbau des sogenannten Stammnetzes der Rhätischen Bahn abgeschlossen. Zu jener Zeit waren weitere Eisenbahnlinien als Fortsetzung geplant: Scuol–Landeck, St. Moritz–Chiavenna, Zernez–Müstair und Thusis–San Bernardino–Mesocco. Der Ausbruch des ersten Weltkrieges liess jedoch die Projekte in der Schublade verschwinden.
Mit dem Ausbau des Stammnetzes der Rhätischen Bahn erfolgte zwischen 1905 und 1914 gleichzeitig der Bau der Misoxer-, der Bernina- und der Arosabahn, die von Anfang ihres Bestehens an mit Gleichstrom

Am 28. Juni 1913 wurde die Bahnlinie von Bever nach Scuol eröffnet. Es war die Strecke, die von Anfang ihres Bestehens an mit Einphasen-Wechselstrom betrieben wurde. Das Bild zeigt die Station S-chanf aus jener Zeit, mit der Lokomotive Ge 2/4 Nr. 203.

Die Talstation der Bernina-Diavolezza-Luftseilbahn ist zugleich eine Station der Rhätischen Bahn. Das Bild zeigt einen Zug der Berninalinie bei der Station Bernina-Diavolezza, auf 2085 m Höhe.

betrieben wurden. In den Jahren von 1941 bis 1943 fusionierten sie mit der Rhätischen Bahn.

Die elektrische Bahn von Bellinzona nach Mesocco

Als 1898 ein Komitee aus Grono in Graubünden die Konzession für den Bau dieser 32 km langen Strecke einholte, war auch die Beteiligung des Kantons Tessin an den Arbeiten vorgesehen.

Hier in Brusio, im Puschlavertal, wurde beim Bau des einzigartigen Kehrviaduktes das gleiche Verfahren angewendet wie bei einem Spiraltunnel, jedoch in der freien Landschaft.

1905 verpflichtete sich die Firma Jacob Rieter & Cie. aus Töss bei Winterthur, als Generalunternehmer, die Bahn bis zum 1. November 1906 betriebsfertig zu erstellen. Siemens & Schuckert, die Maschinenfabrik Oerlikon sowie die Firma Smichow aus Prag lieferten Motoren und Wagen im Auftrag des Generalunternehmers. Die elektrische Bahn des Misox war die erste Gleichstrombahn Europas mit 1500 Volt Spannung.
Im Zusammenhang mit den Bauarbeiten am Trassee, an den Brücken und vor allem am Cebbia-Wasserkraftwerk, das für die Stromversorgung der Bahn erstellt wurde, erlitt die Firma Rieter grosse Verluste. Sie hatte

Die Arosabahn bei St. Peter im Jahre 1915. Beim Telfserbachfall überquert der Zug auf dem Weg nach Chur den Gufertobel.

1,4 Millionen Franken Mehrausgaben, als im Voranschlag vorgesehen waren. Zudem verlor Rieter in diesem Zusammenhang eine Reihe von Prozessen.

1942 übernahm die Rhätische Bahn die Misoxerbahn. Trotz der daraufhin stattfindenden Modernisierung fand die Bahn beim Publikum nicht das erhoffte Interesse.

Am 31. März 1971 beschloss der Bundesrat die Stillegung der Strecke für den Personenverkehr. Seit Mai 1972 werden die Reisenden mit Postautos befördert.

Die Berninalinie

Die 61 km lange Strecke der Rhätischen Bahn von St. Moritz über den Berninapass ist für jeden Reisenden ein faszinierendes Erlebnis. Sie ist die einzige Bahnlinie, die von Norden nach Süden «über» die Alpen nach Italien führt, und sie ist die höchstgelegene Adhäsionsbahn Europas.

Der Berninaexpress fährt steil abfallenden Hängen entlang, an Alpenseen und Gletschern vorbei und durch einsame, karge Gebirgsland-

Das Stationsgebäude in Arosa, am Obersee, auf 1742 m Höhe. Die Architekten Meier & Arter aus Zürich planten 1913 das Gebäude mit der gedeckten Vorhalle als Warteraum im Freien. Im Hintergrund links das 2727 m hohe Furggahorn und in der Mitte das wuchtige Schiesshorn (2605 m).

schaft. Grosser Reiz liegt in der besonders harmonischen Verbindung von Technik und Alpenlandschaft. Die Schiene passt sich der eindrucksvollen Geländebeschaffenheit an. Von den eisigen Gletschern zu den Weinbergen des warmen Veltlin durchfährt der Reisende auf gemütliche Weise mehrere Klimazonen in nicht mehr als 2 Stunden.

Im Jahre 1906 wurden die Bahnbauarbeiten in Angriff genommen. 2500 Mann arbeiteten auf der Nord- und Südseite des Passes. Für ihre Unterkunft – es waren grossteils Italiener – wurden entlang der jeweiligen Baustrecke transportable Holzbaracken aufgestellt.

Die Bauunternehmung A. Buss & Cie. aus Basel musste Material und Lebensmittel aus Poschiavo und Pontresina herbeischaffen, was mit hohen Kosten verbunden war. Sie hielt sich für diese Arbeit einen Stall von 13 Maultieren, 3 Pferden und 5 Ochsen. Zweimal täglich zog eine Karawane mit Proviant von Poschiavo ins Gebirge.

Wegen der beträchtlichen Höhenlage des Trasseeverlaufs, der bis auf 2253 Meter führt, wurde die Bauarbeit oft durch Witterungseinflüsse gestört. Trotz Kälte, Regen und Schnee einerseits, Hitze, Staub und Durst andererseits verrichteten die Bautrupps gute Arbeit. Davon zeugen noch heute die grossen Stützmauern aus Trockenmauerwerk. Einmalig ist die Konstruktion der kunstvollen Trasseeführung in Brusio. Hier, beim

Bau des Kehrviadukts, wurde das gleiche Verfahren angewendet wie bei einem Spiraltunnel, jedoch in der freien Landschaft.
Im Jahre 1910, vier Jahre nach Baubeginn, konnte die Bahnlinie auf der ganzen Länge eröffnet werden.
Von der Passhöhe bis Tirano in Italien überwindet die Bahn auf einer Strecke von 39 km, über viele Haarnadelkurven, ein Gefälle von 1828 m. Das Trassee mit Steigungen bis zu 70 Promille führt durch Tunnels und zahlreiche Galerien.
Die Puschlaver Elektrizitätswerke hatten sich verpflichtet, die Energie für den Bahnbetrieb zu liefern. Das war der Grund, weshalb die Berninabahn von Anfang an für elektrischen Betrieb gebaut worden war.
Von 1913 auf 1914 wurde der Winterbetrieb aufgenommen. Bis 1915 kostete der Bau der Bahnlinie 15 Millionen Franken. 1943 erfolgte die Fusion mit der Rhätischen Bahn.

Die Arosabahn

Im Jahre 1911 wurde Oberingenieur Gustav Bener beauftragt, eine Bahn von Chur nach Arosa zu bauen. Sie sollte bis Dezember 1914 betriebsbereit sein.
Die topographischen Verhältnisse an den Steilhängen des Schanfigger-Tales erwiesen sich als ausserordentlich schwierig, und die Bahnbauer mussten dem Gelände sprichwörtlich Kilometer um Kilometer abringen. Die Hänge mussten angeschnitten und mit Mauern gestützt werden. 18 Tunnels und Galerien von zusammen 2714 m Länge und 41 Brücken von nochmals 1776 m Länge waren auf der nur 26 km langen Strecke Chur–Arosa nötig.
Die Eisenbetonbogenbrücke über die Plessur bei Langwies war zu jener Zeit die Brücke mit der grössten Bogenspannweite der Welt. Das feingliedrige Bauwerk ist 287 m lang und 62 m hoch. Die Bogenspannweite beträgt 100 Meter. Diese längste Brücke innerhalb des Bahnnetzes der Rhätischen Bahn wurde von der Firma Züblin & Co. aus Zürich erstellt. Professor Dr. Ingenieur Roš, Direktionspräsident der Eidgenössischen Materialprüfungs- und Versuchsanstalt, schrieb 1937 in einem Bericht über «Versuche und Erfahrungen an ausgeführten Eisenbeton-Bauwerken in der Schweiz»: «Ihnen allen (den Erbauern) gilt unser Dank für den Mut, die Energie und Ausdauer, womit sie damals den weitestgespannten Eisenbetonbogen der Welt erbauten, den Ruf des schweizerischen

Brückenbaues weit über die Landesgrenze getragen und uns ein Vorbild für die Eisenbetonbaukunst hinterlassen haben.»
Die Firma Brown Boveri & Cie. in Baden lieferte das Rollmaterial sowie die elektrischen Anlagen. 1941 erfolgte der Zusammenschluss mit der Rhätischen Bahn.

Seite 173:
Von Richard Coray (1869–1964) errichtetes Holzlehrgerüst für den Bau des 287 m langen Langwieser Viaduktes. Die von 1912 bis 1914 erbaute Konstruktion hat eine Öffnung von 100 m Weite und war zu jener Zeit die Brücke mit der grössten Bogenspannweite der Welt.

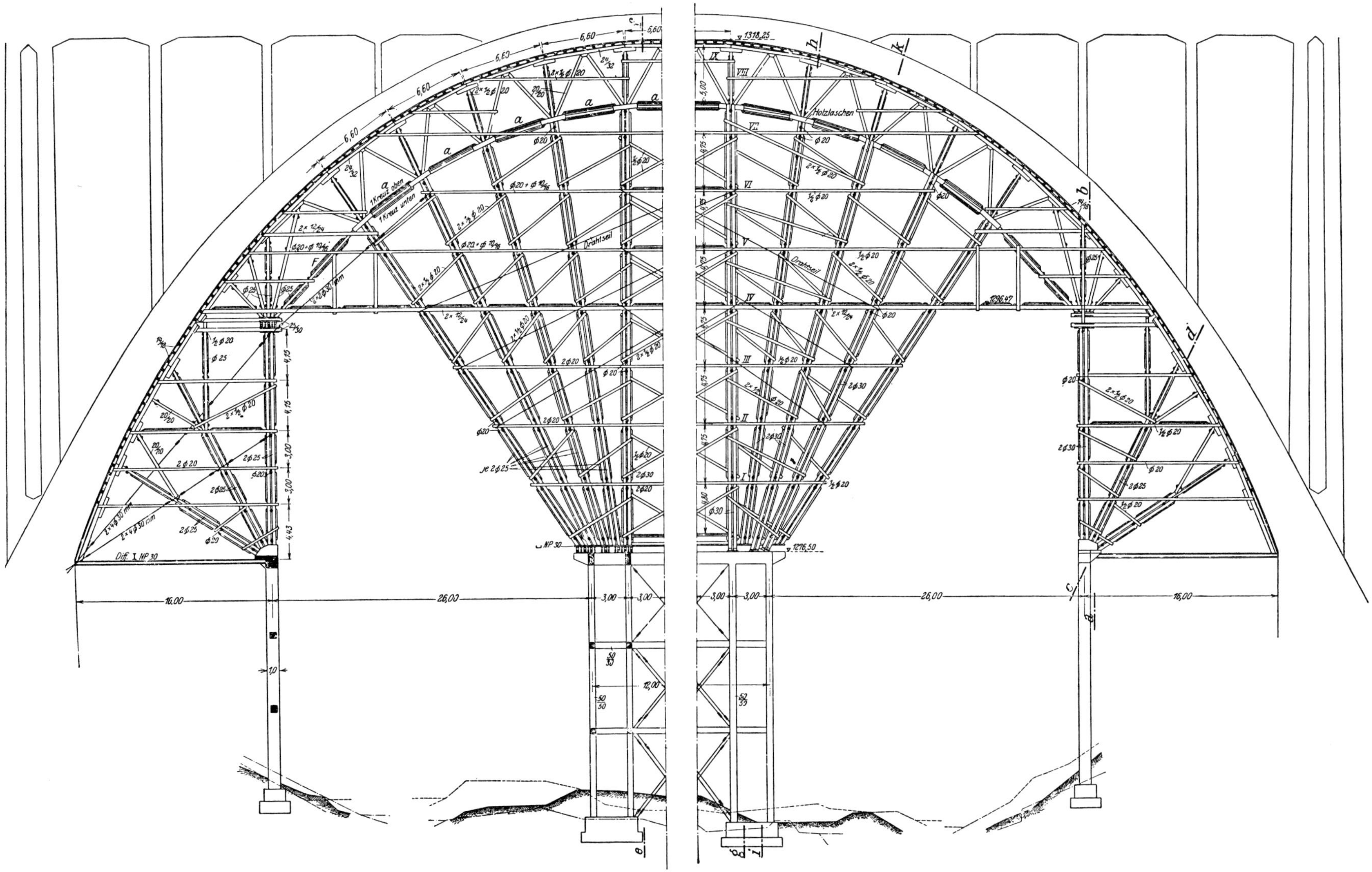

Schnitt — Tafel 15 — Ansicht

Langwieser=Viadukt=Gerüst (Chur=Arosa Bahn)

III. Berühmte Luft- und Standseilbahnen als Verlängerung des Glacier-Expresses

Auf seinem Weg begegnet unser «Gletscherzug» zahlreichen Drahtseilbahnen und Skiliften. All diese Anlagen zu beschreiben ist jedoch nicht Sinn dieses Kapitels. Trotzdem soll etwas über Entstehung und Entwicklung einiger berühmter Luft- und Standseilbahnen gesagt werden, die wahre «Gipfelstürmer» und genau genommen nichts anderes als Verlängerungen unseres transalpinen Eisenbahnzuges wurden.
Mit der Entwicklung der Zahnradbahnen kam bei den Ingenieuren der Wunsch auf, Möglichkeiten zu finden, auf noch grössere Höhen zu gelangen. Die Standseilbahn wurde entwickelt. Bei diesem System werden die Wagen auf Geleisen durch Zug- und Halteseile an sogenannten «Schiefen Ebenen» auf- und abwärtsbewegt. Die Standseilbahnen verkehren im Pendelbetrieb und rollen, mit einer Kreuzung in der Streckenmitte, zwischen Tal- und Bergstation hin und her. Die Wagen fahren also die Steigung wechselweise auf und ab. Die erste «Pendelstandseilbahn» war 1862 in Lyon gebaut worden.
Man wollte jedoch noch höher hinauf. Über Gletscherfelder schweben und auf einsame Gipfel steigen, das waren die Gedanken, die schliesslich zur Drahtseilbahn führten, deren grosse Stunde nach dem zweiten Weltkrieg kam. Anstelle der Schienen, mit Unterbauten wie bei den Standseilbahnen, traten dicke Tragseile aus Metall. Die Kabinen werden von einem Zugseil gezogen und laufen durch ein Rollenlaufwerk auf dem Tragseil, das zwischen mächtigen Stützen gespannt ist. Auch die Seilbahn verkehrt im Pendelbetrieb.
Die Seilbahnen, die Höhen bis zu 3800 m erreichen, ermöglichen den Sommer-Skisport, und der Skisport ist der Wegbereiter des Sportfremdenverkehrs. Mehr als die Hälfte des Fremdenverkehrs in der Schweiz entfällt auf die Berggebiete.
Die meisten Feriengäste zieht es ins Bündnerland und ins Wallis. Nicht weniger als 1,8 Millionen Personen übernachteten im Winter 1979/80 im Wallis. Doppelt soviel, nämlich 3,7 Millionen, waren es im gleichen Winter in Graubünden. Zum Grossteil sind es Schweizer Gäste, denn jeder fünfte Schweizer ist Skifahrer. Die ausländischen Gäste sind in der Mehrzahl Besucher aus Deutschland, gefolgt von Franzosen, Belgiern, Holländern, Italienern und Engländern. Auch die Amerikaner sind wieder zahlreicher geworden. Diese verbinden ihren Aufenthalt in der Schweiz oft mit einer Reise zwischen St. Moritz und Zermatt.

Seit Eröffnung des Furka-Basistunnels der Furka-Oberalp-Bahn im Jahre 1982 können Skiferien in Zermatt und St. Moritz in einem einzigen Pauschalangebot kombiniert werden.

Seite 175: Die Klein Matterhorn-Luftseilbahn ist die höchstgelegene Bergbahn Europas. Die Seillänge beträgt 3778 m. Zwischen der letzten Stütze und der Bergstation, über dem unteren Theodulgletscher, liegt die riesige Distanz von 2885 m. Es ist dies das längste Spannungsfeld, das bis heute für den Personenverkehr verwirklicht wurde.

PENDEL-LUFTSEILBAHN TROCKENER STEG-KLEINMATTERHORN

Die Bergstation auf dem Klein Matterhorn liegt auf 3820 m und hängt wie ein Schwalbennest am Fels. Für den Bau dieser Station waren 2000 Kubikmeter Beton notwendig, der mit Helikoptern der Air Zermatt transportiert wurde.

1. Die Klein Matterhorn-Luftseilbahn

Durch die Inbetriebnahme der Luftseilbahn Trockener Steg–Klein Matterhorn, am 23. Dezember 1979, besitzt Zermatt zweifellos eine Attraktion der Superlative, nämlich die höchstgelegene Luftseilbahn Europas.
Ende 1965 hatte Zermatts Burgerschaft den Bau dieser gigantischen Anlage beschlossen. Ingenieure der Firma Von Roll in Bern erarbeiteten in der Folge das wohl kühnste Projekt in der Geschichte des Luftseilbahnbaus. Vier Jahre nach dem Beschluss der Zermatter Bürger wurde

Die Klein Matterhorn-Luftseilbahn wurde am 23. Dezember 1979 in Betrieb genommen. Die 100-Personen-Kabine gleitet auf zwei Tragseilen, dem in den Himmel ragenden 4478 m hohen Matterhorn direkt gegenüber, zur Bergstation.

das Konzessionsgesuch eingereicht. Am 2. Dezember 1970 erteilte das Eidgenössische Verkehrs- und Energiewirtschaftsdepartement die Baukonzession an die Luftseilbahn Zermatt–Schwarzsee AG.
Mit den Bauarbeiten konnte jedoch erst im August 1976 begonnen werden, da die Stiftung für Landschaftsschutz und Landschaftspflege 1971 gegen die Konzession Einspruch erhob. Ende 1973 wies der Gesamtbundesrat die Beschwerde zurück und setzte die Baukonzession endgültig in Kraft.
Die Station auf dem Klein Matterhorn liegt auf 3820 m und hängt wie ein Schwalbennest am Fels. Dort oben erfolgte zuerst der Bau eines 176 m langen Tunnels. Am 7. Mai 1977 konnte der Stollen durchschlagen werden. Dieser führt von der fast senkrecht abfallenden Nordwand zur Südseite des Klein Matterhorns auf das Breithornplateau. Damit wurde für den Skisport ein einmaliges, ganzjährig befahrbares Gletschergebiet von 36 Quadratkilometer Fläche eröffnet.
Schon die Schilderung des Baus der Gornergratbahn zeigte, wie schwer und langwierig die Arbeit auf Baustellen in derartigen Höhenlagen ist. Zusätzlich zu diesen normalen Schwierigkeiten mussten die Seilbahnbauer beim Bau der Klein Matterhorn-Bahn Schneestürme und Temperaturen bis 40 Grad unter Null durchstehen.

Das Von Roll-Laufwerk, mit zahlreichen Rollen und mehrfachen Sicherheitsvorrichtungen versehen, befördert die Kabine mit der Geschwindigkeit von 36 Stundenkilometern zur 900 m höher liegenden Bergstation auf dem Klein Matterhorn.

Mannigfaltige Transportprobleme mussten gelöst werden. Für den Bau der Bergstation waren 2000 Kubikmeter Beton notwendig, der mit Helikoptern der Air Zermatt transportiert wurde. Der Flug zur 3820 m hohen Baustelle dauerte 5 Minuten. Der mit Warmwasser und Frostschutz zubereitete Beton musste in doppelwandigen Spezialbehältern zur Baustelle geflogen werden, um das Einfrieren zu verhindern. Die Talstation Trockener Steg liegt auf 2929 m Höhe. Hier ist die Hauptantriebsmaschine installiert. Ihre Spitzenleistung liegt bei 1700 kW.
Von 1976 bis Mitte 1978 wurden drei Stahlmasten aufgestellt. Im August 1978 erfolgte bereits der Seilzug vom Trockenen Steg zur Bergstation. Am 28. Mai 1979 konnte die Seilbahn für den Material- und Arbeitertransport eingesetzt werden. Zu Weihnachten des gleichen Jahres fand die offizielle Inbetriebnahme dieser höchstgelegenen Luftseilbahn Europas statt. Nach dreieinhalbjähriger Bauzeit konnte die Von Roll AG das geglückte Mammutprojekt den Zermatter Bürgern übergeben. Die Baukosten betrugen 25 Millionen Franken.
Die 100-Personen-Kabinen mit einer Förderleistung von 600 Personen pro Stunde gleiten auf zwei Tragseilen, die einen Durchmesser von 45 mm aufweisen. Die Höchstgeschwindigkeit liegt bei 36 Stundenkilometer. Während der 8 Minuten dauernden Fahrt werden 900 m Höhendi-

Der Sunnegga-Express, auch «Alpen-Metro» genannt, fährt in drei Minuten durch einen 1520 m langen Tunnel, vom 1598 m hohen Zermatt aus zur 689 m höher gelegenen Sonnenterrasse «Sunnegga».

ferenz überwunden. Die Seillänge beträgt 3778 Meter. Zwischen der letzten Stütze und der Bergstation liegt die riesige Distanz von 2885 m. Das macht nicht weniger als 76 Prozent der Gesamtlänge aus. Es ist dies das längste Spannungsfeld, das bis heute im Seilbahnbau für den Personenverkehr verwirklicht wurde. Über den Felsspitzen schweben und den unteren Theodulgletscher überqueren, ohne jegliche Stützen, das sind für den Fahrgast ausserordentlich eindrückliche Momente. Im ersten halben Betriebsjahr genossen bereits 250 000 Personen das Erlebnis. Vor 190 Jahren war dem Genfer Gelehrten Horace-Bénédict de Saussure, dessen Bild die heutige Schweizer Zwanzigfrankennote schmückt, unter grosser Anstrengung die Erstbesteigung des Klein Matterhorns gelungen. Was würde er wohl zum heutigen mechanisierten Massentourismus sagen?
Als Zubringerbahn von Zermatt dient die 1965 in Betrieb genommene Pendelseilbahn Zermatt–Furi–Furgg–Trockener Steg. Auch diese Bahn wurde von der Von Roll AG gebaut, und zwar in den Jahren 1962 bis 1965. Schon 1957 war mit der Eröffnung der Pendelseilbahn Zermatt–Furi–Schwarzsee der erste Schritt zur Erschliessung des Schwarzsee-Theodul-Gebietes erfolgt. Bauherrin dieser Bahnen ist die Luftseilbahn Zermatt–Schwarzsee–Kleinmatterhorn AG in Zermatt. Diese Seilbahnge-

Tunneleingang zur 150 m tief im Berginneren liegenden Talstation des Sunnegga-Expresses. Die seit November 1980 verkehrende Standseilbahn ist in der Lage, stündlich bis zu 2540 Personen in jeder Richtung zu befördern.

sellschaft hat neuerdings beschlossen, von Zermatt nach Furi anstelle der bisherigen Kabinen-Pendelbahn eine neue Gondel-Umlaufbahn mit einer Kapazität von 2000 Personen pro Stunde zu errichten.

2. Der Sunnegga-Express

Nach der höchstgelegenen Luftseilbahn Europas auf das Klein Matterhorn verfügt Zermatt seit November 1980 noch über eine zweite Attraktion: Der «Sunnegga-Express» soll die modernste Standseilbahn der Welt und die erste «Alpen-Metro» Europas sein.
In diesem Falle gab es keine Probleme von Landschafts- und Umweltschutz, da die Standseilbahn vollständig in den Berg verlegt wurde. Die durch einen 1520 m langen Tunnel führende Bahn verkehrt vom 1598 m hohen Matterhorn-Dorf aus zur 689 m höheren Sonnenterrasse «Sunnegga», oberhalb von «Uesseri Wälder» gelegen. Die Fahrt in den 26 m langen Zügen dauert drei Minuten. Die beiden Züge des «Sunnegga-Expresses» fassen je 200 Passagiere und fahren mit 36 Stundenkilometer auf- und abwärts. Stündlich können bis zu 2540 Personen in jeder Richtung befördert werden.

Auf halber Höhe befindet sich eine Kreuzungsstelle. Die zwei Züge verkehren auf einem Geleise mit der Spurweite von 1,0 m. In der Mitte der Schwelle, zwischen den Laufschienen, ist das Zugseil angebracht. Wie das Bild zeigt, ist der zweite Wagen noch nicht eingefahren.

Die «Metro-Röhre» verläuft geradlinig, in der Steigrichtung jedoch parabelförmig, das heisst ihre Linienführung beschreibt eine Abgangsneigung von 36 Prozent und eine Ankunftsneigung von 64 Prozent.
Die zwei Züge, ein Tal- und ein Bergwagen, verkehren auf einem Schienenstrang mit einer Spurweite von 1000 mm. Auf halber Höhe befindet sich eine Kreuzungsstelle. Der Zugseil-Durchmesser beträgt 39 mm. Zur Fabrikation des Förderseils verwendete die Herstellerfirma, die Schweizerische Seilindustrie AG in Schaffhausen, verzinktes Drahtmaterial von 202 800 m Länge. Das Antriebsaggregat befindet sich in der Bergstation, auf 2289 m Höhe. Die Höchstleistung des Gleichstrommotors liegt bei 1280 kW.
Die neue Standseilbahn führt in die Skigebiete von Sunnegga, Blauherd und Unterrothorn. Sie ersetzt die 1947 gebaute und inzwischen abgetragene Sesselbahn. Der Bau dieser Hochleistungs-Standseilbahn stellte hohe Anforderungen an die Beteiligten. Die Von Roll AG arbeitete das Projekt aus und lieferte die elektromechanischen Anlagen. Die Ingenieure Lauber und Winiker waren für den Ausbruch der «Metro-Röhre» verantwortlich. Nach Erteilung der Konzession wurde im November 1976 mit dem Einrichten der Baustelle begonnen. Für den Vortrieb des Schrägschachtes setzten die Unternehmer eine 60 Tonnen schwere

Vollausbruch-Fräsmaschine ein. Dieses Ungetüm presste seine Bohrwerkzeuge mit einem Vorschubdruck von 200 Tonnen gegen den Fels. Das äusserst harte Granat-Amphibolit-Gestein verursachte Verzögerungen im Vortrieb. In 2275 Stunden Bohrzeit bearbeitete die Vollausbruchmaschine 18000 Kubikmeter Fels. Sie verbrauchte nicht weniger als 700 Bohrwerkzeuge. Der Berg bestand jedoch nicht nur aus hartem Gestein, sondern auch aus weichen Schichten, wie zum Beispiel aus Chlorit-Schiefer. Dieser Umstand erforderte aufwendige Sicherungsvorkehrungen. Insgesamt waren 2300 Felsanker, 1400 Quadratmeter Blechringseg-

Grosshotel «Chantarella House» mit Eisfeld auf 2008 m Höhe. Den Gästen dieses im Jahre 1912 erbauten Hotels ersparte die Standseilbahn den mühsamen Weg von St. Moritz-Dorf aus. Rechts im Bild ist die Schrägrampe mit der Station zu erkennen.

mente, 500 Kubikmeter Spritzbeton sowie Gunit für Abdichtungszwecke notwendig. Die 136 m lange Kreuzungsstelle in der Schrägschachtmitte musste 1979 auf herkömmliche Art ausgeweitet werden. Wegen der Gesteinsbeschaffenheit wurde die Talstation 150 m tief in das Berginnere verlegt, doch alle Schwierigkeiten konnten überwunden werden. Am 17. Oktober 1978 wurde der Durchbruch des 1520 m langen Stollens gefeiert. Die oft widrigen Umstände bewirkten eine einjährige Verzögerung im Bauablauf. Statt der ursprünglich berechneten 15,5 Millionen Franken kletterte die Bausumme dieser unterirdischen Bahn der Superlative auf 22 Millionen Franken. Zu Beginn des Jahres 1980 legten innerhalb von vier Monaten die Bautrupps der Von Roll AG die Geleise. Im Juli des gleichen Jahres wurden die Wagenkompositionen eingefahren. Zum Winteranfang war der Sunnegga-Express fahrbereit.

3. Die Corvigliabahn und die Diavolezzabahn

Die Standseilbahn St. Moritz–Chantarella–Corviglia

Die Technik im Bau von Standseilbahnen war schon sehr fortgeschritten, als das erste Projekt dieser Art in Graubünden verwirklicht wurde. Es war im Jahr 1899, und es handelte sich um die Davos-Platz-Schatzalpbahn. Der Kulminationspunkt dieser Bahn liegt auf 1861 m.
Acht Jahre später, am 7. August 1907, wurde die Muottas-Muragl-Standseilbahn im Oberengadin in Betrieb gestellt. Sie fährt bis in eine Höhe von 2456 m. Mit der Fahrbahnlänge von 2200 m stellt sie die längste Standseilbahn der Schweiz dar. Die Höhendifferenz zwischen Tal- und Bergstation beträgt 714 m.
Als dritte Standseilbahn in Graubünden folgte 1913 die St. Moritz-Chantarella-Bahn. Initiator war Oberst Emil Thoma-Badrutt. Thoma-Badrutt war auch Bauherr des oberhalb von St. Moritz gelegenen Kurhauses. Den Gästen dieses im Jahre 1912 erbauten Hotels sollte die 436 m lange Bahn den mühsamen Weg von St. Moritz Dorf aus ersparen. Die Höhendifferenz beträgt 161 m. Die Bergstation liegt unmittelbar neben «Chantarella House» auf 2008 m Höhe. Die Standseilbahn von St. Moritz nach Chantarella erfreute sich eines regen Betriebes. Deshalb schlug der Oberst 15 Jahre später vor, sie als weitere Etappe bis auf Corviglia zu verlängern. Am 10. Mai 1928 wurden die Statuten der neuen Aktiengesellschaft Drahtseilbahn Chantarella–Corviglia genehmigt. Die Bauarbeiten wurden eingeleitet und gingen rasch voran. Bis zu 300 Leute arbeite-

Die Standseilbahn St. Moritz–Chantarella–Corviglia. Im Hintergrund ist St. Moritz-Dorf zu sehen mit der Kirche, den renommierten Hotelbauten und dem tiefblauen See.

ten im Jahre 1928 am Bau. Sie waren in Baracken auf Corviglia und in der Alp Nova untergebracht.

Schon am 19. Dezember 1928 konnte die neue 1670 m lange Standseilbahn eröffnet werden. Der Höhenunterschied zwischen den Stationen von Chantarella und Corviglia beträgt 480 m. Von einem 31 mm dicken Seil gezogen fuhr die Wagenkomposition, 25 Stundenkilometer schnell, zur 2488 m hohen Bergstation. Das Fassungsvermögen betrug zu jener Zeit 63 Personen pro Fahrzeug, und die Stundenleistung lag bei 300 Personen in jeder Richtung.

Der Bau dieser Standseilbahnen, die den Fahrgast in zwei Etappen von 1847 m auf 2488 m hinauf zu den berühmtesten St. Moritzer Skigebieten führen, stellte einen bedeutenden Schritt dar in der Geschichte des Weltkurortes. Im Oktober 1937 übernahm die Gemeinde St. Moritz für 900 000 Franken sämtliche Anteilscheine der Aktiengesellschaft St. Moritz–Chantarella- und Corvigliabahn.

Die Olympischen Winterspiele 1948 brachten für die beiden Bahnen einen Höhepunkt. Mehrere Disziplinen des Skilaufs wurden auf den Hängen der Corviglia ausgetragen. Später waren die Pisten immer wieder Schauplatz von Weltmeisterschaften in Abfahrt und Slalom.

1956 wurde die Standseilbahn gründlich erneuert. Das Fassungsvermö-

1928 wurde die St.Moritz-Chantarella-Standseilbahn, als weitere Etappe, von Chantarella bis auf Corviglia verlängert. 1956 wurde die Bahn modernisiert. Im Bild fahren, während der Umbauzeit im Herbst 1956, links der neue und rechts der alte Wagen aneinander vorbei.

gen der neuen Wagen erhöhte man auf 140 Personen. Die Stundenleistung beträgt nun 800 Fahrgäste in jeder Richtung.
Im Dezember 1967 konnte das neue Restaurant auf Corviglia eröffnet werden. Das hierfür notwendige Baumaterial von 2000 Tonnen wurde im Sommer 1966 von Chantarella aus mit der Standseilbahn herangeführt. Zu diesem Zweck wurden eigens konstruierte Wagen verwendet.
Zwischen 1961 und 1977 fuhren mit der St. Moritz-Chantarella-Corviglia-Standseilbahn im Durchschnitt 543 000 Personen pro Jahr.
Schon in den fünfziger Jahren war es Ziel der St. Moritzer, den 3057 m hohen Piz Nair zu erschliessen. In den Jahren 1954 und 1955 baute man als Fortsetzung der Corviglia-Standseilbahn eine Luftseilbahn. Es war zu jener Zeit die erste, die auf eine Höhe von mehr als 3000 m fuhr.
1977 wurde die Bahn Corviglia–Piz Nair teilweise umgebaut. Man erhöhte die Leistung von 250 auf 360 Passagiere pro Stunde. Im Jahre 1980

Die alte Standseilbahn auf Corviglia. Der Bau dieser Bahn stellte einen bedeutenden Schritt in der Geschichte des Wintersports von St. Moritz dar. In der Folge sind Skiweltmeisterschaften in Abfahrt und Slalom auf den Hängen der Corviglia ausgetragen worden.

fuhren im Sommer 46 360 Personen mit der Bahn, im Winter waren es 241 850.

Die Bernina-Diavolezza-Luftseilbahn

Die Bernina-Diavolezza-Luftseilbahn fährt seit Dezember 1956 in die Gletscherwelt von Palü und Bernina. Der 4049 m hohe Piz Bernina ist der höchste Berggipfel der Ostalpen.
Der Bau dieser Bahn stellte zu jener Zeit ein gigantisches Projekt dar und war voller Kühnheit. Kurz vor Weihnachten 1980 nahm die sogenannte «zweite Bahngeneration Bernina–Diavolezza» den Betrieb auf, um dem immer grösser werdenden Zustrom von Sportbegeisterten gerecht zu werden. Eine neue Luftseil-Pendelbahn mit zwei Grossraumkabinen war nach modernsten Erkenntnissen, parallel zur alten Anlage verlaufend, erstellt worden. Damit hatte die alte, 24 Jahre lang einwandfrei funktionierende Luftseilbahn ausgedient. Sie wurde abgebrochen. Vom 22. Dezember 1956 bis zum 19. Oktober 1980 hatte sie nicht weniger als 8,6 Millionen Personen befördert. Dies stellte eine durchschnittliche Tagesleistung von fast 1000 Fahrgästen dar.

Die 125-Personen-Grossraumkabine der neuen Bernina-Diavolezza-Luftseilbahn ist in der Lage, 750 Fahrgäste pro Stunde zu befördern. Das Laufwerk der Kabine weist 32 gummigefütterte Laufrollen und vier Fangbremsen auf.

Ein Wort zur Entstehung dieser interessanten Luftseilbahn. Die ersten Pläne reichen in die dreissiger Jahre zurück. Vorerst jedoch fehlten die Geldmittel.

Fast zwei Jahrzehnte später, am 28. Februar 1955, wurde die Diavolezza-Bahn AG in Pontresina gegründet. Das Aktienkapital betrug 850 000 Franken. Pläne wurden entwickelt und Berechnungen erstellt. Schliesslich wählte man unter zehn möglichen Linienführungen die vermeintlich beste aus. Das vorhandene Aktienkapital wurde durch mehrere Hypotheken auf 1,55 Millionen Franken erhöht. Die Baukommission unter dem

Präsidium von Ingenieur Mohr begann im Mai 1955 mit den Arbeiten. Am 22. Dezember 1956 nahm die Diavolezzabahn den Betrieb auf. Jede Kabine bot Platz für 50 Personen. Die Fahrgeschwindigkeit betrug etwa 20 Stundenkilometer. Die damals moderne Bahn erfreute sich bald grosser Beliebtheit, und die Zahl der «Diavolezza-Bezwinger» wuchs derart an, dass die Hypotheken in fünf Jahren zurückbezahlt werden konnten.

1962 wurden die alten Kabinen durch grössere ersetzt. Diese fassen nun 62 Personen. Gleichzeitig konnte die Fahrgeschwindigkeit auf 32 Stundenkilometer erhöht werden.

Seit 1965 erschliesst zudem der 570 m lange Gletscherskilift auf die Diavolezza ein ideales Sommer-Skigelände. Die Skigebiete von der Diavolezza-Bergstation zur Talstation und die 10 km lange Gletscherabfahrt nach Morteratsch lockten immer mehr Skifahrer an. Diesem Ansturm war die Luftseilbahn nicht gewachsen, und die Wartezeiten an der Talstation wurden immer länger.

Im Jahre 1978 erteilte die Diavolezza Bahn AG der Firma Garaventa AG in Goldau den Auftrag, als Generalunternehmer eine neue und leistungsfähige Luftseilbahn zu bauen. Diese neue Bahn, mit Grossraumkabinen für je 125 Personen, sollte wegen der optimalen Linienführung parallel zur bestehenden Anlage gebaut werden. Die Aufgabe war nicht leicht, da der Betrieb der alten Seilbahn aufrechterhalten werden musste. Nur während der Nacht, am frühen Morgen und am späten Abend konnte die bestehende Anlage für Personal- und Materialtransporte benutzt werden. Ende 1978 waren die Geländeaufnahmen abgeschlossen, so dass die Detailplanung im darauffolgenden Winter erstellt werden konnte. Anfangs 1979, nach der Schneeräumung, erfolgte die Installation der Baustelle. Im Sommer wurden die Fundamente für die Stützen betoniert. Die Stahlfachwerkstützen ruhen auf vier Füssen, die in riesigen Fundamenten verankert sind. Im Gegensatz zur alten Bahn, die fünf Stützen aufweist, erforderte die neue Luftseilbahn nur vier Stützpunkte. Der höchste Mast reicht bis in 50 m Höhe.

Anfangs 1980 erfolgten die Vorarbeiten für den Transport von 320 Tonnen Stahlseil, das heisst vier riesige Kabelrollen zu je 80 Tonnen. Diese gewaltige Fracht wurde im Juli 1980 von der Rhätischen Bahn durch die zahlreichen Tunnels der Albulastrecke geschleppt. In den Tunnels und den engen Kehren war äusserste Massarbeit nötig, und vorher musste eine sogenannte «Profilfahrt» stattfinden, um festzustellen, ob ein solcher Schwertransport überhaupt durchgeführt werden konnte.

Die Länge des Seiles beträgt 15 440 Meter. Die 145 Drähte, aus denen die

Seite 188 oben:
Die Seilbahnlänge beträgt 3574 m bei einer Höhendifferenz von 882 m. Im Gegensatz zur alten Diavolezzabahn, die fünf Stützen aufwies, erforderte die neue Anlage nur deren vier.

Seite 188 unten:
Drei der insgesamt vier Stützen der Diavolezzabahn. Unten rechts ist die zweite Stütze. Sie ist die höchste und reicht bis in 50 m Höhe. Links oben im Bild ist die letzte Stütze vor der Bergstation.

Firma Fatzer AG in Romanshorn das 58 mm dicke Seil zusammengesetzt hat, sind zusammen 2 238 800 m lang. Schon im August 1980 konnten die Tragseile zur Bergstation gezogen werden.
Auch der Transport der beiden Grossraumkabinen war ein spektakuläres Unternehmen. Er wurde im September auf der Strasse über den Julierpass durchgeführt. Im Oberhalbstein war die Durchfahrt durch den Ort Tinizong zu eng. Die Kabinen mussten durch einen Kran vom Fahrzeug abgehoben und hoch über die Häuser hinweg getragen werden, um daraufhin wieder auf den nachgekommenen Wagen verladen zu werden.
Am 20. Oktober 1980 begann die amtliche Abnahme der Anlage durch das Bundesamt für Verkehr. Schon einen Monat später, am 22. November 1980, wurde die neue Diavolezza-Luftseilbahn offiziell in Betrieb genommen. Die Grossraumkabinen sind zusätzlich mit je einem 4500 Liter fassenden Wasserbehälter ausgestattet worden, da die Bergstation weiterhin mit Wasser versorgt werden muss. Jede Kabine besitzt ein Laufwerk, das 32 Rollen aufweist. Die Seilbahnlänge beträgt 3574 m und die Höhendifferenz 882 m. Bei einer Geschwindigkeit von 36 Stundenkilometer ist die Grossraumkabinen-Pendelbahn in der Lage, in jeder Richtung 750 Personen pro Stunde zu befördern. Der Gleichstrom-Antriebsmotor in der Talstation erbringt eine Spitzenleistung von 890 kW. Die Kosten der neuen Bahn betrugen 10 Millionen Franken. Nach Inbetriebnahme der Anlage wurde im November 1980 mit dem Abbruch der alten Bahn begonnen. Am Dienstag, den 2. Dezember 1980, fuhr die neue Grossraumkabine mit der alten, ausgedienten Kabine zu Tal.

Dank

Ich danke allen Personen, die bei der Realisierung dieses Buches behilflich waren.

Thalwil, anfangs 1982 *Paul Caminada*

Panoramakarte der Schweiz

Diese neuartige Karte zeigt die Schweiz als Vogelschaubild aus einer Höhe von etwa 20 000 Meter. Das Panoramagemälde zeigt das reale Bild der Landschaft mit ihren Formen und Farben so naturgetreu, wie das Auge es wahrnimmt. Das Kartenlesen, das nicht jedermanns Sache ist, entfällt bei einem Panoramagemälde weitgehend. Der Grossteil der typischen Landschaftsformen der Schweiz wird in der Natur Richtung Süden gesehen, deshalb wurde auch hier diese Blickrichtung vorgezogen.
Das Panorama wurde als parallelperspektivisches Bild von dem Innsbrucker Graphiker Franz Stummvoll aufgrund von Luftaufnahmen und unzähligen Studien entwickelt und kunstvoll gestaltet. Der Zeitaufwand von über 6000 Stunden – davon Hunderte von Stunden Malarbeit mit der Lupe – mag eine Vorstellung von der gewaltigen Schaffensleistung geben.
Die Parallelperspektive wurde gewählt, damit in der Ost-West-Richtung ein Massstab von etwa 1:300 000 eingehalten und das Gelände gleichwertig dargestellt werden konnte. In der Tiefe, also von Norden nach Süden, wurde jedoch bewusst eine Massstabsänderung herbeigeführt. Die leichte Verzerrung ergibt sich durch die Lage des Blickpunkts bzw. Blickwinkels. Dieser ist im Vordergrund steil gewählt und flacht zunächst nur leicht nach hinten ab, so dass der grösste Teil des Landes (vor allem die dichtbesiedelten Regionen) nahezu gleichwertig dargestellt werden konnten. Der hochgelegene Blickpunkt gibt also die Sicht in alle Täler frei, auch die Südhänge können identifiziert werden. Gegen Süden flacht der Betrachtungswinkel rasch ab und fällt im Raum der italienischen Tiefebene praktisch mit dem Horizont in einer Linie zusammen.
Die einzelnen Landschaften sind farblich naturgetreu abgestuft dargestellt. Durch eine luftperspektivische Skala konnten die Feinheiten jeder Region herausgearbeitet werden.
Die angrenzenden Auslandsregionen wurden ebenso sorgfältig ausgearbeitet wie das zentrale Gebiet der Schweiz.
Diese neue Hallwag-Karte ist 118 × 87 cm gross und im Handel erhältlich.

Literaturhinweise

Presse:

- Bündner Tagblatt, Chur (Neues Bündner Tagblatt)
- Bündner Zeitung, Chur
- Der Freie Rätier, Chur
- Die Tat, Zürich
- Gasetta Romontscha, Disentis/Mustér
- Neue Zürcher Zeitung, Zürich
- Tages Anzeiger, Zürich
- Urner Wochenblatt, Altdorf

Zeitschriften:

- Eisenbahn Amateur, Schweizerische Zeitschrift für Eisenbahn- und Modellbaufreunde
- La Tuatschina, Sedrun, Touristische und kulturelle Monatsschrift über den Ferienort Sedrun
- Mitteilungsblätter des Schweizerischen Verkehrsmuseums Luzern
- Planen und Bauen, ANAG Annoncen und Verlags AG, Zürich
- Schweizerische Bauzeitung, Zürich
- Schweizer Eisenbahn-Revue, MINIREX, Luzern
- Schweizer Familie, Zürich
- Schweizer Hoteljournal, H. Frey, Stäfa
- Schweizer Ingenieur und Architekt, Zürich
- Schweizer Journal, H. Frey, Stäfa
- Terra Grischuna/Bündnerland, Chur und Bottmingen
- VST-Revue, Bern

Literatur:

- *Arnold Peter:* 2000 Jahre Pass- und Fremdenverkehr im Wallis, 1979, Rotten-Verlag, Brig
- *Bär Oskar:* Kleine Illustrierte Schweizer Geografie, 1968, Benziger Verlag
- *Beerli André:* Unbekannte Schweiz, Wallis, Touring-Club der Schweiz und Shell-Switzerland
- *Bosshard E.:* Die Berninabahn, Zürich 1912
- *Brig-Visp-Zermatt-Bahn:* Herausgegeben anlässlich des 75jährigen Bestehens der BVZ-Bahn im Jahre 1966
- *Budry Paul und Kaempfen Werner:* Kleines Zermatter Brevier. Herausgegeben von der Visp-Zermatt-Bahn AG, Brig und Lausanne 1941 und 1943
- *Caminada Paul:* Der Bau der Rhätischen Bahn, 1980, Orell Füssli Verlag Zürich
- *Das Ferienbuch der Schweiz,* Herausgegeben von der Schweizer Reisekasse Bern, 1966
- *Der Furka-Basistunnel,* Durchschlag Frühjahr 1981, Herausgeber Furka-Oberalp-Bahn, Brig
- *Festschrift:* 1889–1939, 50 Jahre Rhätische Bahn, Davos, 1939

- *Festschrift:* 100 Jahre SIA, 1837–1937, Schweiz. Ingenieur- und Architektenverein
- *Furka-Oberalp-Bahn,* Leitbild, Kurzfassung 1977
- *Furkatunnel.* Nachfinanzierung (Verantwortlichkeiten). Bericht der Kommission des Nationalrates über die Abklärung allfälliger Fehldispositionen, 13. April 1978
- *Hennings F.:* Projekt und Bau der Albulabahn, Denkschrift 1908
- *Maison Gaston:* 1926–1976, Cinquantenaire du chemin de fer Furka–Oberalp. Revue du Rail. Chemin Avenir 6, CH-1860 Aigle
- *Obrecht Urs:* Das Furka-Loch, die Geschichte eines Tunnels, Hallwag Aktuell, Hallwag Verlag, Bern, 1979
- *Planta von Albert:* 50 Jahre Corvigliabahn, St. Moritz 1928–1978
- *Poeschel Erwin:* Die Kunstdenkmäler der Kantone Graubünden, 7 Bände, Verlag von E. Birkhäuser, Basel, 1937
- *Rieter:* 150 Jahre Joh. Jacob Rieter & Cie., Winterthur-Töss 1795–1945
- *Spiller Else:* Die Furkabahn, 2 Bände, 1914, Brig–Göschenen, Disentis–Andermatt, Zürich
- *Vollmar E.A.:* Die Furka-Oberalp-Bahn, Brig–Gletsch–Andermatt–Disentis, Göschenen–Andermatt, 2. Auflage 1965, Herausgegeben im Auftrag der Furka-Oberalp-Bahn
- *Wälti Hans:* Die Schweiz in Lebensbildern, Band 1: Tessin, Graubünden, Glarus, Verlag H.R. Sauerländer & Co., Aarau
- *Zermatt, At the Top:* Die Geschichte einer Herausforderung. (Der Bau der Luftseilbahn auf das Kleinmatterhorn.) Eine illustrierte Publikation des VON ROLL Pressedienstes, 1980, Gerlafingen

Bildquellennachweis

In alphabetischer Reihenfolge und nach Seitenzahlen

AEG-Elektron AG, 8804 Au/ZH:

164

Bergbahnen Signal, Chantarella-Corviglia, 7500 St.Moritz:

184, 185, 186

Caminada-Archiv:

10, 19 oben, 20 oben, 22, 23, 24 oben, 25 unten, 30, 38 unten, 39, 45 unten, 47 oben, 48 oben, 52, 54 oben, 56, 65 unten, 69, 73, 74 oben, 75 unten, 79 unten, 81, 82 oben, 85, 87, 91, 92, 93, 94, 95 oben, 96, 97, 99, 101, 102, 105, 106, 107, 108, 111, 113, 114, 115, 120, 124, 131 unten, 134, 137 oben, 149, 150, 151, 152, 153, 156, 157, 158, 159, 161, 163, 166, 169, 170, 173, 182

Caminada Paul, 8800 Thalwil:

12, 13, 14, 16, 19 unten, 20 unten, 21, 24 unten, 27, 28, 31, 32 unten, 33, 35, 36, 37, 38 oben, 43, 45 oben, 46 unten, 47 unten, 50, 51, 53, 54 unten, 55, 57 unten, 58, 59, 60, 61, 62, 65 oben, 66, 67, 68, 70, 71, 74 unten, 75 oben, 76, 78, 79 oben, 80, 82 unten, 86, 89, 90, 95 unten, 110, 112, 121, 123 unten, 130, 133, 136, 137 unten, 140, 141, 146, 154, 162, 167, 168, 175, 188

Diavolezza-Bahn AG, Direktion, 7749 Bernina-Suot:

187

Furka-Oberalp-Bahn, Direktion, 3900 Brig:

17, 25 oben, 32 oben, 34, 40, 41, 46 oben, 48 unten, 57 oben, 117, 119, 123 oben, 125, 126, 127, 128, 129, 131 oben, 132, 138, 139, 142, 143, 144, 145

Klammet & Aberl, D-8034 Germering, Flugaufnahmen:

44, 63, 72, 98

Perren-Barberini A., 3920 Zermatt:

9

Standseilbahn Zermatt-Sunnegga AG, 3920 Zermatt:

179, 180, 181

Von Roll AG, 4563 Gerlafingen, Fotograf Sigi Stangier, Zermatt:

176, 177, 178

Morcote
Melide
S. Salvatore
912
Ghirla
Rancio
Cittiglio
LAVENO
Cerro
Isole Borromee
STRESA
Mottarone
1491
Varallo
Camasco
Cunardo
Ponte Tresa
Grantola
Magliaso
Agno
UGANO
Novaggio
Sessa
Miglieglia
Breno
M. Lema
1820
Dumenza
LUINO
Germignaga
Castelveccano
Porto Valtr.
VERBANIA
Intra
Pallanza
Ghiffa
Premeno
Baveno
Feriolo
Fondo-Toce
Miazzina
L. di Mergozzo
S. Bernardino
OMEGNA
1643
M. Croce
Corte
Cravaglia
Ferrera
M. Capio
2172
2161
M. Massone
Strona
Campello Monti
2421
Cima Capezzone
Forno
Gravellona
Mergozzo
Lago Maggiore
Taverne
M. Tamaro
1962
Mezzovico
Colmegna
Curiglia
Maccagno
Biegno
Indemini
Musignano
Cannero
Scareno
M. Zeda
2156
Cicogna
Ornavasso
Téglia
P. Camino
2148
Anzola
Cuzzago
Cannóbio
Megolo
Premosello
Rumianca
Valle
Anzino
Bannio
Ceneri
S. Abbondio
Pino
Lunecco
Vogogna
Pieve Vergonte
Vigino
Piedimulera
1607
P. Castello
Magadino
Vira
S. Nazzaro
Brissago
2187
Gridone
Finero
M. Togano
2301
S. Pietro
LOCARNO
Ascona
Porto Ronco
Minusio
Rasa
Re
Malesco
S. Maria Maggiore
Palagnedra
Villadossola
Pizzo Montalto
2705
Alpe Cheggio
Losone
Centovalli
Craveggia
Druogno
Béura
Cosa
M. Cimetta
1671
Tegna
Golino
Intragna
Camedo
Verdasio
P. Ruscada
2004
Buttogno
Coimo
Vigezzo
DOMODOSSOLA
L. Alpe Cava
Ponte Brolla
Mergoscia
Verscio
Berzona
Salmone
1560
Bagni di Craveggia
Bognanco
2219
P. Orgnana
Avegno
Gordevio
2430
Pioda di Crana
Masera
Russo
Spruga
P. Giezza
Corippo
Mad. di Giove
2265
Pilone
2192
L. di Larécchio
Pontetto
Oira
Crevola d'Oss.
2658
Camoscellahorn
2610
Aurigeno
Vergeletto
Zwischbergen
Vai Verzasca
2301
Mottarone
Maggia
Rosso di Ribbia
2542
Val Divedro
Coglio
P. Piancascia
2360
L. di Alzasca
2262
P. Alzasca
2695
Brione
2684 Vald
Pzo Rasla
Gerra
2381
Pzo delle Pecore
Someo
P. del Forno
Crodo
Riceno
288
Varzo
M. Cistella
Iselle
Gondo
M. Leone
3553
Frasco
M. Zucchero
2736
Cimalmotto
Campo
Baceno
Sonogno
Visletto
Cevio
Cerentino
Bosco-Gurin
Valle Antigorio
Helsenhorn
3272
3181
Bortelhorn
3140
Wasenhorn
3246
L. d'Avino
Hillenhorn
L. Barone
Bignasco
Cavergno
S. Rocco
L. Agaro
Göglio
Cherbadung
3210
A. Devero
P. Campo Tencia
3072
Monti
2640
Pzo Malura
Fontana
Broglio
Rivasco
L. di Dèvero
Rotwald
P. Forno
2907
Prato S.
Foroglio
Fondovalle
L. Busin
Ofenhorn
Heiligkreuz
Bensal
2351
Battlihorn
Rosswald
P. Campolungo
2713
Peccia
Mascarpino
2450
P. di Rodi
2699
Basodino
3274
Formazza
Blinnenhorn
3374
Mittaghorn
3158
Fäld
Binn
Breithorn
2599
2760
P. Massari
Fusio
L. Sambuco
S. Carlo
L. del Zött
L. Castel
la Frua
L. Vannino
Dalpe
Prato
L. Tremorgio
2612
Cristallina
L. Morasco
L. dei Cavagnöo
L. di Toggia
Ausserbinn
Ernen
Lax
Grengiols
Morel
Rhone
Rodi
P. del Corno
2501
L. di Naret
Griessee
Riederalp
Fiesso
Lurengo
Ambri
Piotta
Nufenenpass
2478
Steinhaus
Fiesch
Bettmeralp
Bettmerhorn
2927
L. Ritom
Niederwald
Bellwald
Märjelensee
Aletschhorn
4195
Grosser Aletschgletscher
AIROLO
Fontana
Ossasco
Bedretto
P. Rotondo
3192
Selkingen
Ritzingen
Biel
Wannenhorn
3906
2019
P. Blas
L. della Sella
St. Gotthardpass
2108
Muttenhorn
3099
Reckingen
Münster
Gluringen
Dreieckhorn
3811
L. di Lucendro
P. Centrale
3001
Gamsstock
2961
Obergesteln
Ulrichen
Finsteraarhorn
4274
4044
Gr. Grünhorn
Konkordiaplatz
Badus-Six Madun
2928
L. Orsino
Winterhorn
2661
Furkapass
2431
Gletsch
Oberaarsee
Oberaarhorn
Grimselpass
2165
Grimselsee
Gr. Fiescherhorn
4049
Jungfrau
4158
Mönch
4099
Realp
Tiefenbach
Urserental
3583
Galenstock
Gerstenhörner
3184
Bächlistock
3247
Lauteraarhorn
4042
Eiger
3970
Jungfraujoch
3475
Curnerasee
Pazola Stock
2740
Hospental
ANDERMATT
Oberalpsee
Dammastock
3630
Rhonegletscher
Tieralplistock
3383
Schreckhorn
4078
Oberalppass
2044
Bazberg
2560
Göscheneralp
Gelmersee
3689
Rosenhorn
Grindelwaldgl.
2957
Rienzenstock
3096
P. Giuf
Hoch Horefellistock
3176
Diechterhorn
3389
Handegg
Gauli
Mettenberg
Göschenen
Sustenhorn
3504
Ritzlihorn
3263
Kl. Scheidegg
3072
Fleckistock
3417
Tierberge
3444
Wetterhorn
3701
Männlichen
2343
Wassen
Trift
Guttannen
GRINDELWALD
Meiendorf
2900
Giglistock
Mährenhorn
2923
Boden
Engelhörner
Gr. Scheidegg
1916
First
WENGEN
Lauterbrunnen
Gurtnellen
Sustenpass
2224
Schwarzhorn
2928
Rotihorn
Faulhorn
2680
Farnigen
Steingletscher
3108
Krönten
Spannörter
Titlis
3239
Bachalpsee
Schynige Platte
2076
Intschi
Rosenlaui
Gadmen
Innertkirchen
Sagistalsee
Schlossberg
3132
Obersee
Nessental
Axalphorn
2321
Reichenbachfälle
Engstlensee
Willigen
Axalp
2700
Rotsandnollen
Trübsee
Mägisalp
MEIRINGEN
Melchsee-Frutt
Bonigen
INT
Wissigstock
2887
Hahnen
2607
Hutstock
Hasliberg
Unterbach
Iseltwald
Goldswil
Ringgenberg
Uri Rotstock
2928
Ruchstock
2814
ENGELBERG
Brünigpass
Giessbach
Niederried
Brienzersee
Kienholz
Stöckalp